Michael Draksal

MENTALE PRÜFUNGS-VORBEREITUNG

Prüfungen so **erfolgreich** meistern wie **Olympiasieger**

www.Mentale-Pruefungsvorbereitung.de

INHALT

MENTALE PRÜFUNGS-VORBEREITUNG

Prüfungen gehören in unserer Leistungsgesellschaft einfach dazu. Also macht es Sinn, sich eine **Prüfungskompetenz** anzueignen: die Fähigkeit, Gelerntes unter Prüfungsbedingungen sicher abrufen zu können. Du möchtest «souveränes Auftreten bei völliger Ahnungslosigkeit»? Dann bist Du hier genau richtig! Nein, Spaß beiseite, das eigentliche Lernen gehört natürlich zum Prüfungserfolg dazu und das kann auch ich Dir nicht abnehmen (sorry …). Aber wenn Du gut gelernt hast, soll Dir die Prüfungssituation keinen Strich mehr durch die Rechnung machen, sprich: Ich zeige Dir in diesem Handbuch, wie Du **in Prüfungen Deine Bestleistung** abrufen kannst.

Kurz zu mir, damit Du weißt, wer Dir hier helfen wird: Ich heiße Michael Draksal und habe in den letzten 30 Jahren selbst viele Prüfungen gehabt: Als Musiker (Orgel) bei Musikwettbewerben, als Leistungssportler (Tanzen) bei Wettkämpfen und Meisterschaften, als Student (Psychologie und Sportwissenschaft) bis zur Master-Prüfung, als Jäger bei der Jägerprüfung, als Stenograph bei den Steno-Prüfungen, als Rettungsschwimmer bei diversen Prüfungen uvm. – und seit 1999 auf «der anderen Seite», nämlich **als Prüfer** in diversen Prüfungskommissionen, unter anderem bei der Industrie- und Handelskammer Köln bei der Zertifikatsprüfung «Hochzeitsplaner/in (IHK)», als Prüfer und Vorsitzender der Prüfungskommission der Mentaltrainer-Ausbildung der Deutschen Mentaltrainer-Akademie e. V. und seit mehr als 15 Jahren als Geschäftsführer im Verlag bei Bewerbungsgesprächen und Präsentationen. **Insgesamt etwa 800 eigene erfolgreiche Prüfungen und etwa 1500 abgenommene Bewerbungen und Prüfungen.**

Natürlich habe auch ich mal in Prüfungen «versagt», also nicht das abgerufen, was ich «eigentlich» konnte. Und auch Prüfungsangst kenne ich sehr gut. Allerdings habe ich jede Prüfung, egal wie gut oder schlecht sie gelaufen ist,

als **Lerngelegenheit** gesehen und vielleicht aus den misslungenen Prüfungen sogar noch mehr Fortschritte gezogen als aus den gelungenen. Irgendwie faszinieren mich Prüfungen und so habe ich vor über 20 Jahren eine **Beratungspraxis für Leistungssportler** gegründet *(www.wettkampfvorbereitung.de)*, wo ich mittlerweile Tausende Athleten und Klienten aus anderen Bereichen (Musiker, Schauspieler, Piloten) **mental auf ihre Wettkämpfe vorbereitet** habe, darunter Olympiasieger und Weltmeister, z. B. Sebastian Vettel (vier Jahre Konzentrations- und Reaktionstraining, mit dem bekannten Ergebnis des mehrfachen Formel-1-Weltmeister-Titels).
Ich spreche also zu Dir als **Prüfungsmeister** und als **Dein Coach** für Deinen Prüfungserfolg. Prüfungen in der Schule, im Studium oder im Job haben – psychologisch gesehen – viel gemeinsam mit Wettkämpfen im Sport: Man lernt («trainiert»), um dann in der Prüfung (= «im Wettkampf») zu zeigen, was man kann. In der Prüfung hat man nur diesen einen Versuch, der zählt. Die gezeigte Leistung wird bewertet und vom Ergebnis hängen Konsequenzen ab. Wer diese spezielle «Nur EIN Versuch»-Bedingung nicht berücksichtigt, wird in den allermeisten Fällen scheitern, bis hin zum Black out, wo Du alles vergisst, was Du gestern zu Hause noch wusstest.

Die Lösung ist eine systematische **mentale Prüfungsvorbereitung.** Diese besteht aus vielen Übungen, die – wie ich finde – sogar Spaß machen! Du musst diese Übungen gar nicht alle komplett durchführen. Im Gegenteil: Such Dir nur die Übungen heraus, die sich für Dich spannend anhören. Das reicht schon! In den letzten 25 Jahren durfte ich faszinierende Methoden aus aller Welt kennenlernen und habe sogar einige Tools selbst entwickelt, damit Du in Deinen Prüfungen eine persönliche Bestleistung ablieferst: Wir werden Deinen Stressgrad messen, wir werden trainieren, wie Du locker bleibst in Drucksituationen, und die Fortschritte hierzu dokumentieren. Wir werden Dich in den Flow bringen und – wenn Du magst – mit Hilfe von virtueller Realität die Prüfungssituation ziemlich realistisch simulieren, wie in der Pilotenausbildung im Simulator: Und da fällt dann auch mal plötzlich das Triebwerk aus … Mit diesem Mentaltraining wirst Du **mental stark in Deine Prüfung gehen** und Deine Prüfer regelrecht begeistern mit Deiner Leistung!

Gern richte ich Dir auf den folgenden Seiten ein leckeres Methoden-Buffet an, mit den wirksamsten Techniken, um in Prüfungen eine persönliche Bestleistung abzuliefern.
Dieses Handbuch kannst Du einsetzen bei allen Arten von Prüfungen, z. B. in der Schule, im Studium und in der Berufsausbildung.
Für Aufnahmeprüfungen an Schauspielschulen, ebenso bei Sachkunde-Prüfungen zur Qualifizierung: Führerschein, Sportbootführerschein, Jagdschein, Pilotenschein.

Auch für Bewerbungsgespräche und Eignungstests ist es hervorragend geeignet, denn «für den ersten Eindruck gibt es keine zweite Chance»! Hast Du Wettkämpfe, Auftritte, Vorsprechen? Hierfür hilft es ebenfalls, sich mit der speziellen Prüfungssituation im Vorfeld auseinanderzusetzen und mentale Stärke für die Prüfung aufzubauen.
Hältst Du Vorträge? Präsentationen? Ansprachen? Selbst hier helfen Dir die Methoden dabei, sicherer, motivierter, inspirierender und somit letztlich mit einer stärkeren Ausstrahlung zu wirken.

Magst Du mir (und den anderen Prüfungskandidaten) schreiben, für welche Prüfung Du dieses Handbuch eingesetzt hast? Wie ist Deine mentale Prüfungsvorbereitung gelaufen? Welche Methoden haben Dir am meisten geholfen? Und nicht zuletzt: Wie war das Ergebnis? Auf der Website zum Buch findest Du außerdem die **Testknacker-Online-Sprechstunde,** wo wir direkt Fragen zu Deiner Prüfung beantworten können:
www.Mentale-Pruefungsvorbereitung.de

Viel Spaß und Erfolg für Deine Prüfung wünscht Dir

Michael Draksal
Sportwissenschaftler & Mentaltrainer A

«In den letzten 25 Jahren durfte ich faszinierende Methoden aus aller Welt kennenlernen und habe sogar einige Tools selbst entwickelt, damit Du in Deinen Prüfungen eine persönliche Bestleistung ablieferst.»

1.

Warum haben
wir **in einer**
Prüfungssituation
eigentlich **Stress?**

Es ist dieses verdammte Katastrophen-Denken! Dieses Kopfkino, das uns die schlimmsten Szenarien vorspielt, die – vermeintlich – eintreten werden, wenn wir in der Prüfung versagen: «Dann muss ich das komplette Jahr wiederholen, ich verliere ein Jahr Lebenszeit», «Wie peinlich! Andere werden über mich lachen», «Das ist mein letzter Versuch, wenn ich den verkacke, war's das mit der Karriere!»

Stress wird auch in dem Moment ausgelöst, in dem uns klar wird, dass wir jetzt nicht mehr beim Üben sind, sondern «jetzt kommt's drauf an» – jetzt ist es **ernst!** Vielleicht schaut der Prüfer, der vorher noch so freundlich war, nun mit ernstem Gesichtsausdruck? Du lächelst den Prüfer an – aber er lächelt nicht zurück ... wtf?! Du suchst Liebe oder zumindest Bestätigung und bekommst nur einen arroganten, fiesen Blick als Reaktion ... Gerade Kinder verstehen das nicht, warum «der da auf einmal so böse ist». Das kann sich als traumatische Erfahrung einbrennen und jahrelang Deinen Prüfungserfolg blockieren. Die Verunsicherung bewirkt, dass Deine Stimme zu zittern beginnt. Du merkst diese körperlichen Stress-Reaktionen und das verstärkt nur Deine Angst. Ein Teufelskreis!

«Und: Stress überträgt sich! Wenn Du in einem Warteraum sitzt und mitbekommst, wie die Prüflinge vor Dir mit hochrotem Kopf oder sogar weinend aus dem Prüfungsraum kommen – ja, dann ist es gar nicht so einfach, selbst mental stark und voller Vorfreude zu bleiben.»

In seltenen Fällen gibt es sogar eine **Angst vor Erfolg:** Ich hatte mal einen professionellen Billard-Spieler betreut, der leider kein Englisch sprechen konnte. Bei einem wichtigen Turnier in den USA musste der Gewinner eine

Rede auf Englisch im amerikanischen Fernsehen halten, mit anschließendem Interview und Pressekonferenz, ebenfalls auf Englisch. Ich glaube, dass ein Grund für sein Versagen im entscheidenden Match war, dass er mit seinen Gedanken nicht beim Spiel war, sondern die geforderte Siegesrede auf Englisch bereits während seines Matches durchgegangen ist. Seine Leistung in diesem Match lag jedenfalls weit unterhalb seiner normalen Leistung, er machte Flüchtigkeitsfehler und verschoss selbst einfache Bälle. Daran sieht man, dass unsere Gedanken und unsere Gefühle während einer Prüfung Einfluss haben auf die gezeigte Leistung.

2.

Gewöhnung an die **Prüfungs-situation**

Die gute Nachricht ist, dass man den Umgang mit Stress sehr gut trainieren kann. Hierzu gibt es mittlerweile viele schnell wirksame Techniken und Methoden, die ich Dir nun direkt vorstelle.
Um das speziell auf Deine Prüfungssituation zuzuschneiden, lass uns klären, was genau die mentale Herausforderung Deiner Prüfung ist.

Die Prüfungssituation allgemein:

- nur EIN Versuch, der zählt
- vom Ergebnis hängen Konsequenzen ab
- «ernst»
- Zuschauer und/oder Wertungsrichter/Prüfer anwesend
- ungewohnter Ort, ungewohnte Zeit
- Vielleicht bist Du sogar extra schick angezogen für die Prüfung? Oder es gibt eine bestimmte Kleiderordnung?
- Konkurrenzsituation: Mitbewerber/Konkurrenten/«Gegner» sind anwesend
- Erwartungshaltung Deiner Kollegen, Freunde, Eltern, Ausbilder/Trainer

Notiere Dir:

Was ist typisch für Deine konkrete Prüfungssituation?

....

....

....

Und nun untersuche einmal, wie Du zu Hause lernst/übst/probst:

- gewohnter Ort, gewohnte Zeit
- in lockerer Kleidung/Jogginghose
- mehrere Versuche
- kein Zeitdruck
- ohne Zuschauer
- keine Bewertung der gezeigten Leistung
- entspannte Lernatmosphäre, «es geht um nichts»

Notiere Dir:

Was ist typisch für Deine Lernsituation?

....

....

....

Die Lösung liegt auf der Hand: Sorge dafür, dass Du in der Vorbereitung Deiner Prüfungssituation möglichst nahe kommst. Der Kreativität sind hierbei keine Grenzen gesetzt.

Ein paar Vorschläge:

- **Lernen im selben Outfit,** das Du bei der Prüfung trägst
- **Lernen zu der Tageszeit, an der auch** die Prüfung stattfindet
- **Lernen am Prüfungsort** (sofern möglich)
- **Lernen unter Zeitdruck**

- **Lernen in der gleichen Körperposition** wie in der Prüfung: Wenn Du eine schriftliche Prüfung im Sitzen hast, dann lerne nicht liegend im Bett. Wenn Du stehend einen Vortrag halten sollst, übe diesen nicht im Sitzen am Schreibtisch.
- **Lernen unter Beobachtung:** Lass eine Kamera beim Lernen mitlaufen – das gibt Dir zumindest annähernd das Gefühl, «beobachtet» zu werden. Oder verlagere Dein Lernen mal in die Öffentlichkeit (Café, Fußgängerzone).
- **Regelmäßig Übungsaufgaben unter Zeitdruck** durchführen, bei denen Du wirklich nur einen Versuch hast, der zählt. Also nicht gleich nachschauen, was die richtige Lösung ist, falls Du eine Aufgabe nicht knacken kannst, sondern gewöhn Dich daran, dass Du eben nur diesen einen Versuch hast, der zählt. Und wenn Du die Antwort nicht weißt, dann ist es halt so. So wie in der Prüfung ja auch. Gewöhn Dich speziell an diese «Nicht-Wiederholbarkeit»!
- Im Sport hieß es vor einigen Jahren noch «immer mit einem gelungenen Versuch aufhören». Das hat sich als falsch herausgestellt, denn im Wettkampf kannst Du ja auch nicht sagen «Moment, dieser Versuch hat nicht geklappt, ich mach's nochmal». Wer im Training immer noch mal korrigiert, so lange bis es klappt, hat dann zwar im Training Erfolg («Trainingsweltmeister»), wird das jedoch nicht im Wettkampf abrufen können, weil er nicht gelernt hat, mit dieser **«Nur EIN Versuch»-Bedingung** klarzukommen. Es ist für Deine mentale Stärke im Wettkampf so wichtig, dass Du Dich daran gewöhnst, nur einen Versuch zu haben! In der Konsequenz bedeutet das, auch mal mit einem misslungenen Versuch das Training zu beenden. Halte dieses «negative Gefühl» im Training aus. Ich weiß, am liebsten würdest Du die Lösung gleich nachschauen oder es noch mal besser machen, um schön mit einem gelungenen Versuch die Session zu beenden. Aber genau das ist der Fehler im Rahmen der mentalen Prüfungsvorbereitung!
- **Tu so, als wäre der Übungstest bereits die Prüfung,** die jetzt zählt. Steigere Dich richtig rein in diese Prüfungssimulation. Und wenn Du Dir vor dem Lernen nur kurz bewusst machst, worum es geht, hilft das schon. Aktuell bereite ich wieder einige Athleten auf die Olympischen Sommer-

spiele 2020 in Tokio vor und schon heute, drei Jahre vorher, sollen sich die Athleten in jeder Trainingseinheit fragen «Ist das schon Tokio-reif?», also einen Bezug zwischen der heutigen Trainingseinheit und dem Wettkampf in drei Jahren in Japan herstellen.

- **Ernährung bei der Prüfung und Ernährung beim Lernen:** Wenn Du immer NACH dem Mittagessen lernst, die Prüfung jedoch VOR dem Mittagessen stattfindet, solltest Du entsprechend auch mal VOR dem Mittagessen lernen.

Notiere Dir:

So gleiche ich meine Lernsituation an die Prüfungssituation an (konkrete Maßnahmen):

....

....

....

....

....

....

....

Prima, damit hast Du eine wichtige Voraussetzung für Deinen Prüfungserfolg geschaffen, nämlich das **prüfungsmäßige Lernen** – Dein Gehirn wird sich mit einer persönlichen Bestleistung in der Prüfung bei Dir bedanken. Im Sport sagen wir **«Trainingsernst = Wettkampfspaß»** – genau diesen Lernernst brauchst Du in Deiner Prüfungsvorbereitung.
Doch Halt, es reicht natürlich nicht, das hier nur aufzuschreiben und sich bewusst zu machen! Wenn dieses **Fundament** Deiner mentalen Vorbereitung erfolgreich sein soll, musst Du ins Handeln kommen und tatsächlich die oben notierten Maßnahmen umsetzen. Als Coach weiß ich, dass genau dieses Umsetzen die Herausforderung darstellt. Vor allem, wenn Du schon weißt, was du «eigentlich» machen müsstest – tust Du das auch wirklich?
Wie kann ich Dir dabei helfen, dass Du nun aufstehst und wirklich etwas veränderst? Eine Hilfe kann meine Online-Sprechstunde sein (***www.Mentale-Pruefungsvorbereitung.de***), und auch auf der Facebook-Seite zu diesem Buch hilft Dir vielleicht der Austausch mit anderen, bei Deiner aktuellen Prüfungsvorbereitung mal etwas anders zu machen als sonst (***facebook.de/MentalePruefungsvorbereitung***).
Bitte nimm Kontakt auf, wenn in den nächsten 72 Stunden kein einziger Punkt von den vorgenommenen Maßnahmen umgesetzt wurde. Die Drei-Tages-Regel für das Anfangen besagt, dass wenn Du nach drei Tagen immer noch nicht ins Handeln gekommen bist, die Wahrscheinlichkeit sehr gering ist, dass Du überhaupt jemals damit anfängst, etwas zu verändern. Wir sind eben Menschen und keine Maschinen. Wachstum gibt es aber nur außerhalb der eigenen Komfortzone. Ich wünsche Dir, dass Du Dir diesen Tritt in den Hintern gibst und wirklich etwas veränderst.

«Die reinste Form des Wahnsinns ist es, alles beim Alten zu lassen und gleichzeitig zu hoffen, dass sich etwas ändert.»

Albert Einstein

Notiere Dir:

«Die Prüfung kam mir tatsächlich leichter vor als das ‹ernste› Lernen»:

trifft **gar nicht** zu —————————— trifft **voll** zu

Erklärungen/Ursachen, *falls das Prinzip «Trainingsernst = Wettkampfspaß» gar nicht funktioniert hat:*

....

....

Dein Erfolgsgeheimnis, *falls es sehr gut geklappt hat:*

....

....

Konsequenzen *für die nächste Prüfung:*

....

....

3.

Den **Stress unter Kontrolle** bringen

Ein bisschen Stress ist durchaus gut, denn Stress schärft die Sinne. Wenn der Stressgrad jedoch zu hoch wird und anfängt, sich negativ auszuwirken, dann brauchst Du wirksame Entspannungsverfahren, die Dich schnell wieder etwas lockerer werden lassen.

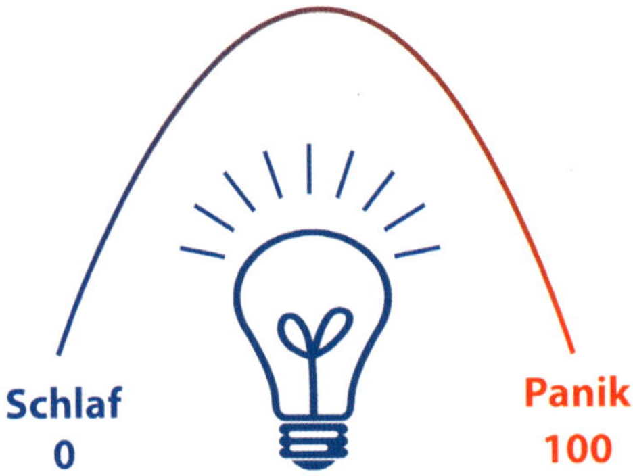

Das Bild der Glühlampe passt hier perfekt als Erklärung: Dein Stressgrad ist wie der Strom, der durch eine Lampe fließt. Was passiert, wenn zu viel Strom durch eine Lampe fließt? Sie brennt durch! Zu viel Stress willst Du also vermeiden. Aber was passiert, wenn zu wenig Strom durch eine Lampe fließt? Sie brennt nicht hell genug! Also auch nicht optimal für die Prüfung – Du willst schließlich schön hell strahlen, nur eben nicht zu hell, damit Deine Lampe nicht durchbrennt. Was Du brauchst, ist die Kompetenz, Deine Stromstärke (= Deinen Stressgrad) so zu kontrollieren, dass Du in der Prüfung ein **optimales Spannungsniveau** herstellen kannst: nicht zu wenig und nicht zu viel.

Frage Dich vor der Prüfung «Wie hell leuchtet meine Lampe?», das heißt, spüre kurz in Dich hinein, wie gestresst Du gerade bist. Und wenn Du zu gestresst, zu nervös, zu hektisch bist (Lampe brennt fast durch), dann nutze ein kurzfristiges und schnell wirksames **Entspannungsverfahren.** Wenn Du dagegen zu müde, zu abgelenkt, zu locker, vielleicht sogar erschöpft bist (Lampe leuchtet nicht hell genug), dann nutze ein kurzfristiges und schnell wirksames **Aktivierungsverfahren.**

Genauer müsste ich sagen «Nutze DEIN Entspannungs-/Aktivierungsverfahren», denn das ist individuell bei jedem anders! Bei dem einen wirkt die Atementspannung prima zur Beruhigung. Bei dem anderen bringt eher ein positives Selbstgespräch etwas. Ich stelle Dir nun eine Übersicht der besten

Entspannungs- und Aktivierungsverfahren vor. Deine Aufgabe ist es, sie alle ein paarmal auszuprobieren, gerne eigene Verfahren zu ergänzen und dann **Deinen Favoriten festzulegen.** Das können auch Kombinationen und kreative Abwandlungen der vorgestellten Methoden sein. Wichtig ist, dass Dir die gewählte Methode hilft, sehr schnell in die gewünschte Stimmung zu kommen. Das muss **kurzfristig wirken,** ansonsten probiere lieber noch ein bisschen weiter, bis Du Dein persönliches «Erfolgsgeheimnis» gefunden hast.

KURZFRISTIG WIRKENDE ENTSPANNUNGS-VERFAHREN

Wenn Du ***zu nervös, gestresst, hektisch*** *bist …*

Atementspannung

Bei Nervosität atmen wir flacher und schneller als normal. Mit der Atementspannung atmen wir die Nervosität quasi weg. Und zwar so: Atme normal ein und zähle dabei innerlich bis 4, halte den Atem an und zähle dabei bis 4, atme aus und zähle dabei bis 8 (also doppelt so lange ausatmen wie einatmen). Dadurch beruhigt sich die Atemfrequenz, somit auch der Puls und schließlich der Stressgrad. Steigerung: Bring Deine Emotionen da mit rein, das heißt, atme so befreit wie möglich ein, so als würdest Du am Strand in der Sonne liegen und die frische Meeresluft einmal ganz tief in den Bauch einatmen. Atem anhalten und dann doppelt so lange ausatmen und dabei alle Spannung von Dir abfallen lassen. Werde locker im Schulterbereich. Setz Dein Gewinnerlächeln auf und sag einen beruhigenden Spruch, der Dir eine gute Stimmung vermittelt («Hauptsache, die Haare liegen schön»).

Innerer Dialog

Wenn Dir tausend Gedanken durch den Kopf gehen, kannst Du mit einem bewusst gesteuerten Selbstgespräch wieder Klarheit in Deine Gedanken bringen. Was Dir am besten hilft, musst Du selbst herausfinden. Möglich ist ein beruhigendes Selbstgespräch («Ich bin ruhig und entspannt»), ein emotionales Selbstgespräch («Ich bin gut vorbereitet und fühle mich bereit für die Prüfung») oder ein handlungsorientiertes Selbstgespräch («Blick auf den Aufgabenzettel lenken, Aufgabe durchlesen, Stift in die Hand nehmen ...»). Hier ist das Erfolgsgeheimnis, die eigenen Selbstgespräche tatsächlich ein paarmal zu «trainieren», das heißt, in einer Stresssituation (z. B. während einer Prüfungssimulation) mal ganz bewusst auf Deine Selbstgespräche zu achten. Du solltest dadurch genau die Sätze finden, die Dir in der aktuellen Stresssituation helfen und Dich etwas beruhigen.

Düfte

Unser Geruchssinn ist ein sehr feiner Sinn. Und das Beste: Er ist eng mit Deinen Emotionen verschaltet. Wenn Du Dich also zu nervös und gestresst fühlst, kannst Du über einen entspannenden, beruhigenden Duft sofort ein optimales Prüfungsfeeling auslösen.

Welche Düfte kommen dafür in Frage? Nun, das ist sehr individuell. Ich persönlich mag «Weihnachtsmarkt» und «Kiefer». Auch «Vanille» und «Apfelkuchen» sind Duftnoten, die im Handel erhältlich sind und bei mir sofort eine beruhigende, positive Stimmung auslösen. Wichtig ist, hier nicht am falschen Ende zu sparen und nur qualitativ hochwertige Düfte zu nehmen. Es gibt durchaus auch «billige» Düfte in Drogeriemärkten, die aber mit vielen künstlichen Zusatzstoffen versetzt sind, was ich nicht befürworten kann. Auf der Website zu diesem Buch findest Du meine «Best-of»-Empfehlungen, falls der Einsatz von Düften Dein Lieblingsverfahren werden soll.

Im Leistungssport setzen sogar Fußball-Bundesliga-Trainer vor dem Spiel Düfte ein, um ihre Spieler in die richtige Stimmung zu bringen: Auf das rechte

Handgelenk wird der Aktivierungsduft gesprüht, auf das linke Handgelenk der Entspannungsduft. So kann jeder Spieler kurzfristig über seinen Aktivierungs- und Entspannungsduft sogar im Spiel einen optimalen Aktivierungsgrad bei sich herstellen – einfach mal kurz am entsprechenden Handgelenk riechen.

Musik

Die richtige Musik wirkt sofort beruhigend. Was ist Dein Entspannungslied, das Du einsetzen kannst, wenn Du zu nervös bist? Das können Instrumentallieder sein (Panflötenmusik, Harfe), gregorianische Kirchenlieder, Naturgeräusche (den Wellen lauschen, ein leichter Windhauch, leichter Regen prasselt gegen die Zeltwand …), Klassik, von mir aus auch «Stairway to Heaven» – Hauptsache, es beruhigt Dich sofort.

Körperliche Entspannung

Zeitlupenbewegungen, Einbeinstand, ein bisschen jonglieren (sofern Du jonglieren kannst und es Dich beruhigt) oder kurz gegen eine Wand lehnen oder sich sogar hinlegen und die Augen schließen wie bei einem Drei-Minuten-Powernap – all das hilft vielen, sich zu beruhigen.

Warmes Wasser/warme Wickel (falls möglich)

Wärme beruhigt und entspannt. Nutze warmes Wasser oder ein Handtuch mit warmem Wasser, das Du Dir in den Nacken oder über den Kopf legst. Hier bietet sich die Kombination mit Düften an: einfach ein paar Tropfen Deines Entspannungsduftes ins Handtuch träufeln. Herrlich!

Ruhebild/Gedankenreise/mein ruhiger Ort

Als Mentaltrainer kann ich Dir die Wirkung von beruhigenden Bildern nur bestätigen. Intensive Visualisierungen sind für Dein Gehirn fast so wie ein echtes Erlebnis. Was entspannt Dich? Was ist Dein ruhiger Ort? Dein Refugium? Ein warmer Sandstrand, an dem Du liegst und den Wellen zuhörst? Die Vorstellung, über den Wolken zu schweben? Oder der freie Fall? Ein warmes Bad? Nachdem Du Dein Entspannungsbild gefunden hast, probiere die Wirkung in einer Stresssituation aus, das gibt Dir die Sicherheit, dass diese Methode auch in Deiner Prüfung bei Stress hilft.

Eigene Verfahren

Wie erwähnt sind die oben genannten Methoden zwar fundiert, jedoch nichts weiter als Vorschläge, die Du gerne abwandeln, individuell kombinieren oder sogar durch Deine eigenen Methoden erweitern darfst. Hauptsache, es hilft Dir, «auf Knopfdruck» zu entspannen.

«Nachdem Du Deine Entspannungsmethode gefunden hast, probiere diese in einer Stresssituation aus!»

Notiere Dir:

So beruhige ich mich, wenn ich zu nervös bin:

....

....

....

KURZFRISTIG WIRKENDE AKTIVIERUNGS-VERFAHREN

Wenn Du **zu müde, locker, erschöpft** bist ...

Atemaktivierung

Atme tief und kräftig ein, halte die Luft kurz an und lass sie dann ganz normal wieder ausströmen. Stelle dir bei jedem Zug vor, wie Du das Leben in Deinen Körper einsaugst, und spüre, wie der frische Sauerstoff Dir gut tut. Die Betonung liegt also auf dem Einatmen, gerne in Kombination mit einem aktivierenden Selbstgespräch («Come on!») und der Vorstellung von Kraft und Stärke.

Selbstgespräch

Über ein positives, motivierendes Selbstgespräch kannst Du Einfluss auf Deine Gedanken nehmen. Gerade bei Erschöpfung, Müdigkeit oder wenn Du die Prüfung am liebsten absagen würdest, bringt Dich ein pushendes Selbstgespräch wieder auf Kurs. Leise ausgesprochen oder nur gedacht hilft bereits – noch besser ist es, tatsächlich laut motivierend mit sich zu sprechen. Es reicht oftmals schon ein Motto wie «Los jetzt!», «Auf geht's, packen wir's!». Natürlich musst Du dafür der Typ sein – es darf Dir nicht «peinlich» sein, Dich über Dein lautes Selbstgespräch zu motivieren. Ich hatte mal einen Sportschützen im Mentaltraining, der extra für sein Selbstgespräch kurz aufs WC gegangen ist. Ein Tennisspieler dagegen hatte sein Selbstgespräch ganz bewusst auf dem Platz eingesetzt, um seinen Gegner zu irritieren *(Winning ugly).* Wenn Du mit dieser Methode gar nicht klarkommst, probiere halt eine andere. Es geht um Dich und um Deinen Prüfungserfolg!

Aktivierungsduft

So wie es entspannende Düfte gibt, kannst Du Dich mit den richtigen Düften auch aktivieren. Probiere mal Menthol oder Eukalyptus. Gewichtheber arbeiten mit Ammoniak. Zitrus-Düfte eignen sich ebenfalls zur Aktivierung.

Musik

Ein klassisches Aktivierungsverfahren! Welche Lieder pushen Dich? Was löst sofort diesen Kick aus, wenn Du die ersten Takte hörst? Mein persönlicher Favorit ist «GOLD» von Klee, aber natürlich muss das individuell gefunden werden. Wichtig ist, dass Du bei diesem einen Song bleibst und ihn immer dann hörst, wenn Du Dich aktivieren möchtest, sozusagen wie eine Motivations-Tablette. Hier bietet sich die Kombination mit weiteren Verfahren an, z. B. körperliche Aktivierung, Siegerfaust, Gewinnerpose, Selbstgespräch und Aktivierungsduft.

Körperliche Aktivierung

Komm in Schwung über körperliche Aktivierungsmethoden: Siegerfaust, Gewinnerpose, spring dreimal in die Luft, tanze, klatsche in die Hände. Als Meistertipp empfehle ich Elemente aus dem Karate (Kizami Zuki, Oi Zuki oder Gyaku Zuki → bitte auf YouTube nachschauen, ist nicht so schwer). Denn dieser Kampf-Aspekt aktiviert zusätzlich. Das ist wohl genetisch in uns verankert – die Vorbereitung auf einen bevorstehenden Kampf. Das motiviert schnell und wirksam. Übrigens gehört beim Karate noch der «Kampfschrei» dazu – wenn Du magst, trau Dich! Der Adrenalin-Kick ist sofort spürbar und die Blicke der anderen einfach unbezahlbar.

Kaltes Wasser (falls möglich)

So wie Wärme entspannt, kannst Du Dich über kaltes Wasser aktivieren. Die Hände kurz unter eiskaltes Wasser zu halten, reicht meist schon aus. Oder Dein Gesicht mit kaltem Wasser abspülen. Noch besser sind Eiswürfel, die Du als «kalte Wickel» in einen Waschlappen oder Ähnliches legst. Vor allem an heißen Tagen wirkt das wahre Wunder.

Lachen

Lachen aktiviert, denn es beansprucht bis zu 100 Muskeln. Und zwar nicht nur im Gesicht, sondern am ganzen Körper. Der Ausdruck «sich kringeln vor Lachen» kommt schließlich nicht von ungefähr! Außerdem kurbelt Lachen die Sauerstoffzufuhr des Gehirns kräftig an. Die Herausforderung ist, «auf Knopfdruck» einfach loszulachen … wer kann das schon. Und es ist auch etwas spooky. Meine Empfehlung hierzu ist, dass Du Dir lustige Videos vorbereitest, z. B. «dumme Tiere»: einfach «lustige Videos zum Totlachen» oder «versuche nicht zu lachen» bei YouTube eingeben – und es kommen jede Menge Hilfen, um Deine Angst vor der Prüfung einfach wegzulachen.

Schmerz

Schmerz aktiviert schnell und wirksam. Einfach kurz in die Wange, ins Ohrläppchen oder in den Arm kneifen und der Körper wird in Alarmbereitschaft versetzt.

Eigene Verfahren

Nutzt Du bereits eigene Verfahren, um Dich zu pushen, wenn Du zu müde, erschöpft oder blockiert bist? Prima, dann lege dieses Verfahren als Deinen Favoriten fest und setze es ganz bewusst ein, wenn Du kurz vor der Prüfung diesen Kick brauchst.

Notiere Dir:

So aktiviere ich mich, wenn ich zu müde, erschöpft, gehemmt bin:

....

....

....

Mit der Festlegung Deines persönlichen Entspannungs- und Aktivierungsverfahrens hast Du den ersten Schritt dafür getan, um Deinen Stress unter Kontrolle zu bringen. Jetzt muss das noch **trainiert** werden, damit Du es wirklich verinnerlichst. In meinen Coachings mit Leistungssportlern ist das immer ein persönlicher Durchbruch für den Klienten, wenn er sich das erste Mal im Wettkampf überhaupt **nur daran erinnert,** dass wir ja für Stresssituationen spezielle Entspannungs- und Aktivierungsmethoden festgelegt hatten. Die meisten vergessen in der Hitze des Gefechts diese Methoden, was durchaus «normal» ist: Es geht schließlich um die Veränderung von Verhaltensweisen, die teilweise bei Dir schon **seit Jahren anders ablaufen** («Prüfung = Stress pur»). Ohne Training ist es unrealistisch, sofort eine Verbesserung zu erwarten («Prüfung = genial, jetzt kann ich endlich zeigen, was ich kann»).
Ich möchte Dir gern eine Hilfe empfehlen, die zugegebenermaßen etwas kostspielig ist. Aber sie ist so effektiv und macht sogar Spaß, dass ich lieber hier eine negative Kritik riskiere («Für die Umsetzung braucht man weitere Geräte»), als Dir das vorzuenthalten. Und zwar die App «Relax & Race» von Galvanic. Die App ist kostenlos, aber Du brauchst für dieses Spiel den PIP-Sensor. Dieser kostet etwa 179 Euro.

Scan mich

PIP-Sensor
www.Mentale-Pruefungsvorbereitung.de

Was bekommst Du dafür? Das Messgerät ist ein goldbeschichteter Sensor, der zwischen Daumen und Zeigefinger gehalten wird und Deinen aktuellen Stressgrad misst. Das ist der Hautleitwiderstand – ähnliches Prinzip wie beim Lügendetektor. Der Hautleitwiderstand reagiert sehr sensibel auf Deinen Stressgrad. Diesen Wert misst das Gerät achtmal pro Sekunde und funkt ihn über Bluetooth an Dein Smartphone oder Tablet, wo die App installiert ist. Je entspannter Du bist, umso schneller bewegt sich Deine Spielfigur. Du trittst an in einem Wettkampf gegen Dich selbst. Gegen Deine letzte persönliche Bestzeit. Das heißt, Du lernst innerhalb kürzester Zeit, Dich selbst immer besser «auf Knopfdruck» in einer Stresssituation zu entspannen. Also genau die Kompetenz, die Du für Deine Prüfungen brauchst! Und dieses Entspannungstraining macht sogar Spaß! Du kannst Deine Fortschritte dokumentieren und natürlich gibt es auch noch einige weitere Features. Auch wenn das viel Geld ist – für ein Biofeedback-Gerät ist das immer noch ein Schnäppchen: Medizinische Biofeedback-Geräte kosten normalerweise locker über 1.500 Euro!

Falls Du Dir dieses PIP-Gerät nicht zulegen möchtest, kannst Du natürlich auch im Alltag Dein Aktivierungs- und Entspannungsverfahren üben, z. B. morgens nach dem Aufwachen das Aktivierungsverfahren, um in Schwung zu kommen, bzw. abends Dein Entspannungsverfahren als Einschlafhilfe.

Bitte verzichte nicht auf das Training! Bewusstmachen ist nur das Fundament. Ein tägliches Training über mindestens 14 Tage solltest Du für die Nachhaltigkeit ansetzen.

Notiere Dir:

«Ich konnte in der Prüfung meinen Stressgrad auf ein hilfreiches Level regulieren»:

trifft **gar nicht** zu — trifft **voll** zu

Erklärungen/Ursachen, *falls es gar nicht geklappt hat:*

....

....

Dein Erfolgsgeheimnis, *falls es sehr gut geklappt hat:*

....

....

Konsequenzen *für die nächste Prüfung:*

....

....

4.

Komm in den Flow:
Prüfungen so erfolgreich meistern wie Olympiasieger

DAS BESTE ERLEBNIS FÜHRT ZUM BESTEN ERGEBNIS!

Hast Du schon mal von der «Zone» oder vom «Tunnel» gehört? Von diesem **Flow-Zustand,** in dem alles wie von selbst läuft: Du gehst 100 Prozent in der Aufgabe auf. Du hast keine ablenkenden Gedanken mehr. Du bist im Hier und Jetzt, alles gelingt fast automatisch. Auch wenn der Druck groß ist, bleibst Du konzentriert und lösungsorientiert. Hinterher bist Du geradezu erstaunt über Dich selbst: «Unglaublich, wie ich das geschafft habe!» Es ist rückblickend betrachtet ein hammergeiles Gefühl.

Das Entscheidende: In so einem Zustand ist Deine gezeigte Leistung am besten. Das heißt, es muss das Ziel für Deine Prüfung sein, diesen Flow-Zustand zu erreichen. Denn im Flow kannst Du Deine Leistung am besten abrufen und somit das beste Ergebnis erreichen, das möglich ist.

Das beste Erlebnis führt zum besten Ergebnis!

Die Prüfung bestehen, eine Bestnote erreichen – das wollen wir alle. Wie geht das?! Das funktioniert nur über eine sehr gute Prüfungsleistung. Und was fördert Deine Prüfungsleistung am ehesten? Gutes Lernen in der Vorbereitung UND eben dieser **Flow-Zustand in der Prüfung!**

Du brauchst hierfür einen speziellen Blick auf Deine bevorstehende Prüfung: völlig weg vom Ergebnis, hin zu diesem Flow-Feeling. Das ist eine echte Herausforderung! Denke NICHT an das Ergebnis. Denke NICHT daran, die Prüfung zu bestehen oder eine bestimmte Note zu bekommen. **Vergiss dieses Ergebnis-Denken!** Das hilft Dir nicht, Deine beste Leistung in der Prüfung zu zeigen. Ergebnisse liegen in der Zukunft – im Flow-Zustand bist Du aber nicht in der Zukunft, sondern in der Gegenwart, im Hier und Jetzt. Du brauchst einen mentalen Schalter, den Du vor der Prüfung umlegst, so dass Du nur noch auf die jetzt anstehende Aufgabe fokussiert bist und richtig Lust darauf hast, das Rätsel, das jetzt vor Dir liegt, zu knacken.

Hattest Du schon mal ein Flow-Erlebnis? Also eine Aufgabe, in der Du vollkommen aufgegangen bist und alles um Dich herum vergessen hast? Muss nicht unbedingt bei einer Prüfung passiert sein, den Flow-Zustand kann man in vielen Situationen erleben. Kinder versinken oft «einfach so» im Spiel und machen sich keine Sorgen über mögliche Konsequenzen.

Notiere Dir:

So fühlt sich das an, wenn ich im Flow bin:

....

....

Komm in den Flow in Deiner nächsten Prüfung! Die folgenden Übungen helfen Dir dabei, dieses Flow-Feeling herzustellen, in dem das Prüfungsergebnis am besten wird.

MEIN FLOW

Die Idee ist folgende: Wenn Du den Flow-Zustand häufiger erleben möchtest, brauchst Du eine klare Vorstellung davon, wie sich das anfühlt, wenn Du im Flow bist. Mach Dir das bitte noch viel detaillierter bewusst: Wie fühlst Du Dich genau, wenn Du im Flow bist? Welche Gedanken (wenn überhaupt) hast Du? Wie ist Deine Atmung? Wie sind Deine Handlungen? Wie ist Dein Zeitempfinden? Bitte sei sehr präzise bei der Beschreibung Deines Flow-Zustandes.

Formulierungsregeln

- Formuliere stets positiv (also nicht: «Ich spüre keine Verspannungen», sondern: «Ich bin locker»).
- Schreibe alles aus der Ich-Perspektive (also nicht: «Meine Freunde unterstützen mich durch Glückwünsche», sondern: «Ich spüre, dass mich meine Freunde unterstützen». Und statt: «Man ist konzentriert» schreibe bitte: «Ich bin konzentriert»).
- Schreibe alles in der Gegenwart (also nicht: «Alles lief wie von selbst», sondern: «Alles läuft wie von selbst»).

Kurze, klare Sätze, mit Deinen eigenen Wörtern, so wie Du auch normalerweise sprichst.
Das muss individuell formuliert werden, dennoch möchte ich Dir gern ein gelungenes Beispiel aus dem Leistungssport zeigen, von einem professionellen Billardspieler. Seinen Flow-Zustand, also wenn er völlig im Wettkampf aufgeht, hat er so beschrieben:

Ich fühle mich sicher.
Ich konzentriere mich auf die gegebenen Situationen.
Ich habe einen Tunnelblick: Ich sehe nur noch den Tisch und die Kugeln.
Ich habe ein Bild und will es ausschießen.
Nur daran denke ich. Ansonsten bin ich leer.
Ich sehe alles langsamer und näher.
Lange Bälle erscheinen wie kurze Bälle.
Alles wirkt so einfach, so als würde ich den Punkt
direkt vor Augen haben, so easy.
Jede Bewegung ist hochkonzentriert,
z. B. Kreide nehmen, kreiden, Kreide wieder ablegen.
Wenn etwas misslingt, nehme ich sofort auf, woran es gelegen hat:
zu stark gestoßen, zu wenig Tempo – dabei bleibe ich gelassen
und setze mein Siegerlächeln auf.
Mit jedem Stoß spiele ich mich immer stärker in einen Rausch.
Billard ist mein Leben.

Tatsächlich bekam er Gänsehaut und glasige Augen, wenn er sein Flow-Skript vortragen sollte. So emotional wirkte es auf ihn. Wenn bei Deiner Flow-Beschreibung das erste Mal die Tränen fließen, dann ist es genau richtig (Freudentränen natürlich)! Gibt es noch keine emotionale Reaktion bei Dir, ist Dein Flow-Skript noch zu nüchtern formuliert und sollte noch mal überarbeitet werden.

Notiere Dir:

Mein Flow-Zustand

Version Nummer: .... *Datum:* ....

Wie gesagt, das muss vielleicht über mehrere Prüfungen optimiert werden, bis die endgültige Version gefunden ist. Acht bis zwölf Sätze sollten es schon sein und sicher wirst Du mindestens drei Versionen brauchen, bis die Endversion gefunden wurde: Wie ist das bei Dir, wenn Du vollkommen in dem Moment der Prüfung aufgehst?
Lerne diese Endversion dann auswendig. Und sage sie frei auf (Vortragsmethode). Wenn Du bei dem freien Vortrag andere Formulierungen benutzt, als sie in Deiner Beschreibung stehen, ändere entweder die Beschreibung oder lerne Dein Flow-Skript noch intensiver auswendig. Die Beschreibung muss vom Papier in Deinen Kopf, und zwar eins zu eins exakt so, wie Du sie aufgeschrieben hast.
Sobald Du Dein Flow-Skript auswendig aufsagen kannst, begib Dich in eine Stresssituation und halte dort den Vortrag. Das muss am Anfang gar nicht so stressig sein, z. B. reicht es schon, wenn Du Deinen Flow-Zustand frei aufsagst, während Du rückwärts mit geschlossenen Augen eine Treppe heruntergehst (okay, das ist für manche durchaus schon stressig …).
Klappt auch während solcher Herausforderungen der Flow-Vortrag, bist Du bereit für Deine Prüfung: Sage nun einfach **direkt vor der Prüfung** Deinen Flow-Vortrag auf, tu so, als wärst Du im Flow, und dann geh die Prüfung mit einem Lächeln auf den Lippen an! Das erhöht die Wahrscheinlichkeit für Flow während der Prüfung immens, und somit auch die Wahrscheinlichkeit für eine persönliche Bestleistung in dieser Prüfung.

Zusätzlich gibt es noch einige schnell wirkende «Tricks», um die Wahrscheinlichkeit für Flow in der Prüfung weiter zu steigern. Du musst diese nicht alle berücksichtigen – wie immer gilt:

Such Dir nur die Hilfen heraus, mit denen Du Dich persönlich wohlfühlst (Methoden-Buffet).

80 Prozent reichen aus

Vielen hilft diese Methode, besser in den Flow zu kommen: und zwar, wenn Du Dich mit 80 Prozent Flow zufriedengibst. Den 100-Prozent-Flow-Zustand kann man ja eh nicht erzwingen, also gib Dich einfach mit einem gewissen Flow-Feeling zufrieden und gut! Tatsächlich berichten viele, dass sie viel häufiger den Flow-Zustand während der Prüfung erreicht haben, wenn sie sich vorher «nur» mit 80 Prozent Flow zufriedengegeben haben. Insbesondere Perfektionisten hilft diese Methode: Es muss nicht alles immer perfekt sein, bevor Du gute Leistungen zeigen kannst, es reicht bereits eine gewisse 80-Prozent-Grundstimmung. Oft kommt dann der 100-Prozent Flow von ganz alleine.

Gedankenstopp

Im Flow-Zustand sind Deine Gedanken aufgabenbezogen. Solltest Du also in der Prüfung merken, wie Dir ablenkende Gedanken oder zu viele Gedanken chaotisch durch den Kopf schwirren, kannst Du mit dem Gedankenstopp wieder Klarheit über Deine Gedanken gewinnen. Stell Dir einfach ein Stopp-Schild vor, oder sage innerlich kurz «Stopp!» und richte Deinen Blick anschließend wieder auf die anstehende Aufgabe.

Sich anfreunden mit der Situation

Boris Becker sagte immer «Wimbledon ist mein Wohnzimmer». Der Zusammenhang von Stimmung und Leistung ist heute sehr gut erforscht (z. B. in der Habilitation von Abele, 1995: «Stimmung und Leistung»). Die Erkenntnis: **In einer guten Stimmung** ist die gezeigte Leistung deutlich besser als in einem Angst-, Stress- oder Ärger-Zustand. Heißt also konkret: Bitte freunde Dich mit der Prüfungssituation an. Der Raum ist prima, die Prüfer sind nett, die Prüfung macht Spaß!
Solltest Du Probleme haben, Dich mit der Prüfungssituation anzufreunden, tu zumindest so, als wäre alles prima! Auch wenn Bauarbeiten im Nebengang

stattfinden, der Raum viel zu kalt oder zu warm ist, die Sonne Dich blendet, die Prüfer Mundgeruch haben und zur Begrüßung bekommst Du erst mal einen dummen Spruch aufgedrückt – scheißegal! Es hilft Dir nicht, wenn Du Dich jetzt darüber aufregst! Hinterher, also nach der Prüfung, darfst Du Deinem Ärger gern freien Lauf lassen, aber jetzt, unmittelbar vor der Prüfung geht es nur darum, in eine positive Stimmung zu kommen, insbesondere dann, wenn es «Probleme» gibt. Das klappt mit dieser Methode «Anfreunden» erstaunlich gut. Falls Du nicht der Typ für diese Methode bist («Die Prüfer sind aber wirklich Vollpfosten – ich kann mich mit denen doch nicht anfreunden?!»), dann probiere halt eine andere Methode. Vielen hilft so eine gespielte gute Stimmung, daher wollte ich Dir die Methode nicht vorenthalten. Ich habe mal mit einer Olympiasiegerin im Trampolin-Turnen gearbeitet, die vor ihrem Auftritt immer erst zum Trampolin gegangen ist, ihre Hand auf das Tuch legte und die Frage gestellt hat: «Sind wir Freunde?». Erst nachdem sie sich «angefreundet» hatte, ist sie ihren Wettkampf angegangen. Wie gesagt: **Olympiasiegerin** – die Beste der Welt – sie hat also etwas richtig gemacht …

Musik

Musik wirkt sofort emotional. Während der Prüfung ist das natürlich eher schwierig einzusetzen, aber es reicht bereits, kurz vor Beginn der Prüfung Dein «Flow-Lied» anzuhören, das sofort ein gewisses Flow-Feeling bei Dir auslöst. Der bislang erfolgreichste Olympionike, Schwimmer Michael Phelps (28 olympische Medaillen, darunter 23-mal Gold(!)), hat vor dem Start immer «I'm me» von Lil Wayne gehört, um in den Flow zu kommen.

Summen, Pfeifen

Der Effekt bei dieser Methode liegt in der Entspannung der Gesichtsmuskeln. Unsere Mimik und unsere Emotionen sind ganz eng verschaltet. Wenn Du also einen entspannten Gesichtsausdruck aufsetzt, wie zum Beispiel beim Summen

Musik wirkt sofort emotional - nutze das vor Deiner Prüfung!

oder Pfeifen eines Liedes, entspannst Du auch emotional. Des Weiteren haben Grübelgedanken und Zweifel keine Chance mehr, sich in Deinem Kopf auszubreiten, sobald Du eine motivierende Melodie summst oder pfeifst. Als Meistertipp summe «Road To Hell» (Chris Rea), «Stairway To Heaven» (Led Zeppelin) oder «Knockin' On Heaven's Door» (Guns N' Roses). Das kommt aus der paradoxen Intervention, das heißt, Du hemmst hier Stress-Reaktionen, indem Du diesen ganzen Prüfungswahnsinn durch Übertreibung auf die Schippe nimmst («Was tun wir uns hier überhaupt an?!»). Das Lächeln, das daraufhin folgt, neutralisiert Deine Angst sofort und lässt Dich eher in den Flow kommen.

Gestik, Körpersprache

Im Stress-Zustand sind Deine Hände verkrampft und Du hast eine verspannte Körperhaltung. Komm in den Flow, indem Du ganz bewusst Deine Hände entspannst: einfach die Hände öffnen und die Handflächen langsam nach oben drehen. Damit signalisierst Du Deinem Unterbewusstsein: «Ich bin bereit für die Prüfung. Ich nehme an, was da gleich kommt.» Entspann Deine Schultern, werde locker im Schulterbereich. Etwas Dehnen und «Ausschütteln» wirkt Wunder.

Dinge benennen im «Hier und Jetzt»

Diese Methode ist etwas «psychologisch», einfach mal ausprobieren und nicht so kritisch hinterfragen. Das muss man erlebt haben. Der Effekt ist schwer zu beschreiben. Der Ablauf geht so: Sage für ca. zehn Sekunden die Dinge laut oder in Gedanken, die Du aktuell gerade siehst. Das war's schon. Also z. B.: «Zettel», «Stift», «Tafel», «Stuhl», «Lichtschalter».
Hintergrund ist: Im Flow-Zustand sind wir ja voll in der Gegenwart, also mit den Gedanken weder in der Zukunft noch in der Vergangenheit. Indem Du das benennst, was Du aktuell gerade siehst, bringst Du Dich gedanklich in die Gegenwart – und hier ist Flow am wahrscheinlichsten.

Rhythmus

Überall auf der Welt existieren Rituale, bei denen Rhythmus eine große Rolle spielt. Vielleicht hast Du jetzt Urvölker vor Augen, die sich zu rhythmischen Trommelschlägen in Trance tanzen. Oder denk an die großen Schlachtszenen in Fantasy-Filmen wie «Herr der Ringe». Während die Krieger auf das feindliche Heer warten, schlagen sie rhythmisch mit ihren Waffen gegen die Schilde und bringen sich auf diese Weise in Kampfstimmung. Übertragen auf Deine Prüfungssituation reicht es bereits, etwas Rhythmus in Deine Vorbereitung zu bringen: Trommel mit den Fingern auf dem Tisch, klatsche rhythmisch auf Deine Oberschenkel, wippe mit Deinem Kopf im Takt des Songs, an den Du gerade denkst. All das bringt Dich ins Hier und Jetzt, wo Du am ehesten in den Flow kommst.

Eigene Methoden

Und zu guter Letzt haben auch hier beim Thema «Flow» Deine eigenen Methoden eine Bedeutung. Was machst Du jetzt schon, um Dich «in Stimmung zu bringen»? Ich hatte mal einen religiösen Athleten im Coaching, der vor seinen Wettkämpfen immer gebetet hat. Ein anderer hat vorher immer seinen Hund gestreichelt. Die Möglichkeiten sind unbegrenzt – Hauptsache, Du hast Dein ganz persönliches Erfolgsgeheimnis gefunden, um Dich in den Flow zu bringen.

«Im Flow-Zustand sind wir voll in der Gegenwart, also mit den Gedanken weder in der Zukunft noch in der Vergangenheit.»

Notiere Dir:

Diese Methoden bringen mich in den Flow:

Mentales Warm-up

Jetzt können wir wie im Leistungssport eine Warm-up-Routine für Dich entwickeln, indem Du aufschreibst, was genau Du unmittelbar vor der Prüfung machst. Was hilft Dir, in den Flow zu kommen? Stell Dein individuelles mentales Warm-up-Programm zusammen, das Du kurz vor der Prüfung durchführst, mit dem Ziel, am Ende möglichst nahe am Flow-Zustand zu sein.
Das muss individuell für Dich gefunden werden: Was hilft Dir? Dennoch möchte ich Dir ein Video als Inspiration zeigen, das sehr schön verdeutlicht, um was es geht. Bring Dich in eine positive Stimmung!

Scan mich

In diesem Video sieht man die Leichtathletin **Michelle Jenneke** (sie gewinnt diesen Wettkampf) bei ihrem individuell erarbeiteten mentalen Warm-up.
www.Mentale-Pruefungsvorbereitung.de

Was macht Michelle Jenneke, um sich in eine positive Stimmung zu bringen?

Lächeln: Sie setzt ein strahlendes Siegerlächeln auf und hemmt damit sämtliche Stress-Reaktionen.

Fingerspiele: Sie lockert ihre Hände und spielt mit ihren Fingern (im Flow-Zustand sind die Hände nicht verkrampft, sondern locker. Durch ihre Fingerspiele fördert sie diese Lockerheit unter Druck).

Winken ins Publikum: Sie grüßt und winkt ins Publikum (da ist natürlich niemand – es geht nur um die Geste «Ich grüße Dich!», die bei ihr eine positive Stimmung auslöst).

Hüftschwung: Sie wird locker durch einen rhythmischen Hüftschwung in Kombination mit wechselseitigem Schultern-Hochziehen und rhythmischem Nicken des Kopfes (das ist ja fast schon eine koordinative Herausforderung, lässt sie aber in der Folge locker werden, ohne zu locker für den anstehenden Sprint zu sein).

Tanzende Bewegungen, Rhythmus mit den Beinen.

Sie summt innerlich ihre «Siegeshymne».

Erstaunlich: Sie zieht ihr Warm-up durch, auch wenn neben ihr die Chinesin sehr ernst und angespannt schaut (sie lässt sich nicht davon abhalten, ihr Warm-up-Programm durchzuziehen).

Das ist **«pure Vorfreude»,** die man ihr sehr schön ansehen kann!

Ich sage nicht, dass Du das genauso machen sollst. Finde DEIN ganz persönliches Aufwärm-Programm. Aber finde es auch bitte wirklich, das heißt, schreibe auf, was Du unmittelbar vor der Prüfung machst, um in eine positive Stimmung zu kommen.

Anregungen:

- Musik hören, die Dich in die richtige Stimmung bringt
- sich «anfreunden» mit dem Aufgabenzettel
- kleine «Glücksbringer» wie Maskottchen, eine Kette, ein Stofftier (nicht zu unterschätzen!)
- Lockere Deine Hände und Deinen Schulterbereich
- Sprich positiv mit Dir selbst (ärgern kannst Du Dich nach der Prüfung!)
- Riech an bestimmten Düften, die eine positive Stimmung auslösen (der Geruchssinn und unsere Emotionen sind sehr eng verschaltet – wenn Du Deinen «Flow-Duft» gefunden hast und ihn jetzt kurz vor Prüfungsbeginn anwendest, löst das sofort ein angenehmes Gefühl aus)
- ... und all die Methoden, die bereits in diesem Kapitel erklärt wurden (Du musst nicht alles machen – such Dir Deine Favoriten heraus und stelle sie zu Deinem individuellen perfekten Warm-up zusammen)

Notiere Dir:

Mein mentales Warm-up-Programm:

Eventuell musst Du dieses Warm-up-Programm über ein paar Prüfungen optimieren. Das macht letztlich den Champion aus: Finde Dein perfektes Warm-up – und wenn Dir Deine aktuelle Version noch nicht das richtige «Prüfungs-Feeling» gibt, dann optimiere eben Dein Warm-up-Programm so lange, bis es Dich in die richtige Stimmung bringt.

Notiere Dir:

«Ich war während der Prüfung im Flow»:

trifft **gar nicht** zu — trifft **voll** zu

Erklärungen/Ursachen, *falls es gar nicht geklappt hat:*

....

....

Dein Erfolgsgeheimnis, *falls es sehr gut geklappt hat:*

....

....

Konsequenzen *für die nächste Prüfung:*

....

....

5.

Umfeld-
management

«Ich widme die Goldmedaille meinen Eltern, ohne die das nie möglich gewesen wäre.»

Spitzenleistungen werden heutzutage nicht mehr im Alleingang erreicht. Im Profisport läuft eine ganze Maschinerie um den Athleten herum. Das Red-Bull-Formel-1-Team besteht aus etwa 600 Mitarbeitern mit einem Jahresbudget von etwa 230 Mio. Euro. An jedem Olympiastützpunkt in Deutschland gibt es mindestens einen hauptamtlichen «Umfeldmanager», in München sogar zwei, die sich um das Umfeld unserer Kaderathleten kümmern. Ich selbst habe am Olympiastützpunkt Freiburg/Schwarzwald sechs Wochen lang in der Abteilung «Laufbahnberatung und Umfeldmanagement» gearbeitet, wo wir diesen systemischen Ansatz tagtäglich umgesetzt haben: **Je besser das Umfeld, umso besser für die Athleten.**

Das gilt auch entsprechend für Deine Prüfung! Sorge dafür, dass Du von Deinem Umfeld Unterstützung bekommst. Das ist gar nicht so sehr finanziell gemeint. Es geht hier um die emotionale Stütze. Du brauchst ein Umfeld, das Dich als liebenswerten Menschen mit all Deinen Stärken und Schwächen schätzt – und Du wirst auch nicht verstoßen, falls Du in Deiner Prüfung vollkommen versagst. Dein Umfeld interessiert sich für Dich als Mensch und nicht für das nackte Prüfungsergebnis. Mitfiebern, feiern, wenn es klappt, oder mitleiden, wenn Du scheiterst, ist natürlich okay, aber das passiert alles in einem Rahmen, bei dem Dir klar ist: *Mein Umfeld steht zu mir, egal wie gut oder schlecht es gerade für mich läuft.*

Die Idee beim Umfeldmanagement ist, dass so ein Umfeld, das Dir Energie gibt, anstatt Dir Energie zu rauben, nicht «einfach so» vorhanden ist, sondern dass man aktiv daran arbeiten kann, sich so ein unterstützendes Umfeld zu erschaffen. Das wollen wir in diesem Kapitel nun für Deinen Prüfungserfolg tun.

Die Methode hierfür ist die **Umfeldanalyse.** Und die geht so: Nimm Dir etwa 15 Minuten Zeit und nutze die folgende Vorlage. Schreibe in den Kreis in der Mitte Deinen Namen.

Trage nun Deine sechs wichtigsten Umfeld-Bereiche in die Vorlage ein, z. B. Schule/Ausbildung, Job, Freunde, Familie, Wohnsituation, Hobby, Urlaub, Finanzen.

Meine Erfolgsfaktoren

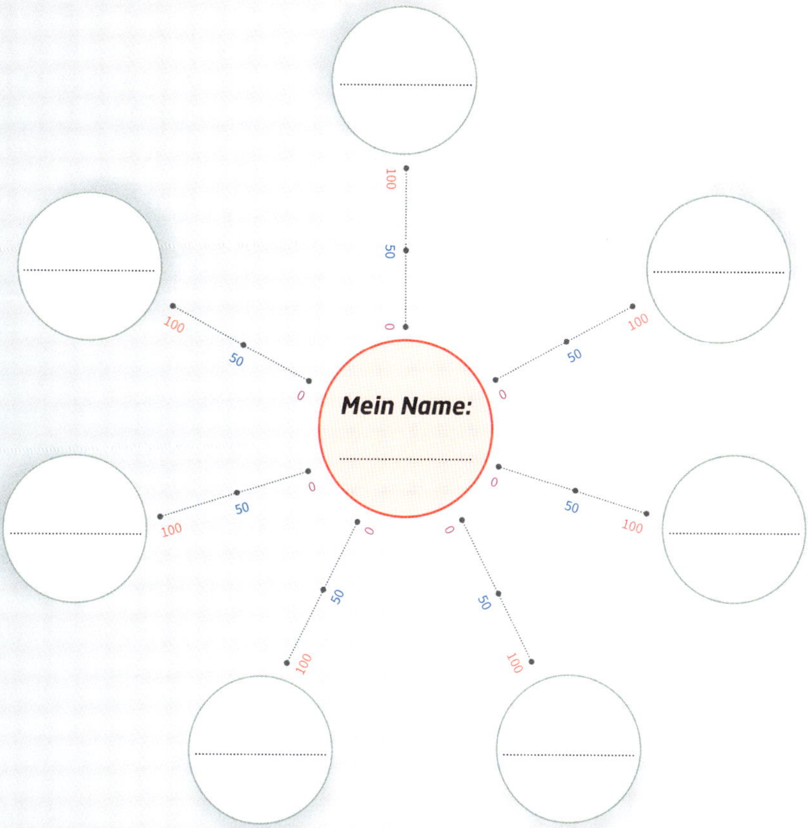

Alle Übungsblätter aus diesem Buch gibt es auch zum Download auf:
www.Mentale-Pruefungsvorbereitung.de

Geh nun Deine sechs Bereiche nacheinander durch und fühle bei jedem Thema kurz in Dich hinein:

Von 0 bis 100 – wie gut läuft dieser Bereich aktuell?

0 *sehr schlecht,* raubt mir alle Energie
50 *ganz okay,* raubt mir keine Energie – gibt mir aber auch nicht wirklich Kraft
100 *sehr gut,* gibt mir viel Energie

Wobei jede Zahl zwischen 0 und 100 möglich ist. Setze an der entsprechenden Stelle ein Kreuz.

Verbinde die Kreuze und es entsteht das **«Umfeld-Rad».** Die entscheidende Frage ist nun: Läuft es in Deinem Umfeld rund? Beziehungsweise noch wichtiger: Wo ist die Delle?

Finde anschließend Maßnahmen nur für diesen einen Bereich, bei dem die Delle zu sehen ist. Das ist der «Trick» beim Umfeldmanagement: Anstatt Dein komplettes Umfeld verändern zu wollen, konzentriere Dich nur auf diesen einen Bereich, bei dem es aktuell drückt. Sobald Deine gefundenen Maßnahmen in diesem einen Bereich greifen, strahlt das aus, und Du hast auch in den anderen Bereichen plötzlich mehr Energie.
Der große Vorteil ist, dass Du Dich nur auf einen einzigen Bereich konzentrierst und versuchst, nur hier Verbesserungen zu erzielen. Das gibt Dir das Gefühl, tatsächlich etwas verändern zu können – im Gegensatz zum Gefühl der Überforderung, das sich leicht einstellt, wenn man versucht, alle aktuellen Baustellen in den Griff zu bekommen.

Notiere Dir:

Wo ist bei Dir aktuell die Delle?
Welchen Bereich solltest Du optimieren?

Bereich:

....

Finde nur drei Maßnahmen, um in den nächsten sechs Wochen in diesem Bereich eine Verbesserung zu erreichen:

....

....

....

Trage heute schon den Termin für die nächste Umfeldanalyse ein. In ca. sechs Wochen wiederholst Du diese Einschätzung und schaust, was sich verändert hat. Idealerweise hast Du eine, zwei oder sogar alle drei Maßnahmen bis zum nächsten Termin umgesetzt und konntest eine Verbesserung in diesem einen Bereich erreichen.
Falls Du nichts umgesetzt hast, sei wohlwollend zu Dir! Es ist schwierig, in seinem Umfeld tatsächlich etwas zu verändern. Der Mensch ist nun einmal ein Gewohnheitstier und es gibt ganz merkwürdige Beharrungstendenzen, die dafür sorgen, dass wir lieber energieraubende Gewohnheiten beibehalten, anstatt die nötigen Veränderungen durchzusetzen.

Vielleicht gehst Du dieses Umfeldmanagement zusammen mit einem Freund oder einer Freundin an? Such Dir einen Gesprächspartner, der Dir hilft, Klarheit über Deine aktuelle Situation zu bekommen und anschließend Maßnahmen zur Verbesserung zu finden und Dich bei der Umsetzung zu unterstützen. Am besten klappt das natürlich im Rahmen eines Coachings mit einem Profi. Wenn Du alleine oder mit einem Freund nicht weiterkommst, schau doch mal, welcher qualifizierte Trainer bei Dir in der Nähe ist:
www.deutsche-mentaltrainer-akademie.de/mentaltrainer

Notiere Dir:

«Mein Umfeld hat mir Energie für meine Prüfung gegeben»:

trifft **gar nicht** zu — trifft **voll** zu

Erklärungen/Ursachen, *falls Dir Dein Umfeld immer noch Energie raubt:*

....

....

Dein Erfolgsgeheimnis, *falls Dir Dein Umfeld heute eine große Hilfe ist:*

....

....

Konsequenzen *für die nächste Prüfung:*

....

....

6.

Der Konzentrierte Lifestyle

«Jeder Mensch hat zwei Leben. Das zweite beginnt erst, wenn man realisiert hat, dass man nur ein Leben hat.»

Steven Sotloff

Ein erfolgsentscheidender Faktor für das gehirngerechte Lernen und für Deinen Prüfungserfolg ist bekanntlich die Fähigkeit zur **Konzentration.** Es gibt bereits zahlreiche Ratgeber auf dem Markt, mit Konzentrationsübungen, die Dir helfen, Dich besser zu konzentrieren. Aber jetzt mal ganz ehrlich: Machst DU diese Konzentrationsübungen wirklich? Und wenn ja, wirklich regelmäßig?

Falls Du jeden Tag Konzentrationsübungen durchführst, herzlichen Glückwunsch! So sollte es sein. Die Realität sieht jedoch meist anders aus: Wir wissen, dass Konzentrationstraining hilft, aber wir tun nichts dafür ... warum eigentlich? Es würde uns doch gut tun?! Tja, der Mensch ist nun einmal keine Maschine und auch wenn Dir eigentlich klar ist, was Du tun müsstest für eine gute Note, sind wir alle Weltmeister im Aufschieben und Ausreden-Finden. Das hat nichts mit mangelnder Disziplin zu tun, sondern ist genetisch in uns verankert. Veränderungen «tun weh» (= kosten Energie). Daher vermeiden wir lieber Neues (= wir sparen Energie – denn die war knapp damals in der Steinzeit), anstatt unsere gewohnten Routinen zu durchbrechen.

Mit dem Konzentrierten Lifestyle habe ich einen Ansatz entwickelt, der dafür sorgt, dass Du plötzlich doch **Lust auf Konzentrationstraining** bekommst. Die Übungen lassen sich ganz einfach in Deinen Alltag integrieren – und viel wichtiger: Dieses Konzentrationstraining macht richtig Spaß, so dass Du Dich nicht dazu zwingen musst. Im Gegenteil: Es wird Dich eher von anderen Aufgaben abhalten ... übertreibe es daher nicht mit diesen Übungen, auch wenn sie extrem viel Spaß machen und super hilfreich sind!

Beim Konzentrierten Lifestyle geht es darum, die Qualität Deines Lebens auf ein völlig neues Level zu heben. Wohin Dich die Reise mit so einer fokussierten Lebensweise führt – keine Ahnung! Wenn Du jeden Tag aufmerksamer angehst, ergeben sich plötzlich so viele **magische Gelegenheiten.**

Du brauchst nur genau hinzuschauen, genau hinzuspüren, was um Dich herum passiert, und plötzlich siehst Du überall die Geschenke, die Dir das Leben macht. Klingt zu esoterisch? Vielleicht, aber dennoch meine ehrliche Bitte, dass Du diesem Ansatz zumindest mal eine Chance gibst, denn das muss man **erlebt** haben, was der Konzentrierte Lifestyle mit einem macht. Bereits im Jahre 1999 habe ich den Konzentrierten Lifestyle als Kapitel in einem Ratgeber für Sportler veröffentlicht. Inzwischen ist der Konzentrierte Lifestyle zu einer ganzen «Lehre» ausgearbeitet und mein «Lebenswerk», wenn man so will.

Der Kerngedanke ist: Durchbrich Deine Automatismen! Denn sie vernebeln Dein Bewusstsein.

Wach auf, indem Du die Dinge anders machst, als Du es gewohnt bist! Wachstum gibt es nur außerhalb Deiner Komfortzone!

Ist das anstrengend? Ja, durchaus, aber in einem positiven Sinne. Das kannst Du Dir ganz einfach so vorstellen **wie im Urlaub:** Im Urlaub kennst Du ja auch die Umgebung nicht. Wo ist das Hotel? Wo ist ein Markt zum Einkaufen? Wo kann man essen gehen? Wie sieht es vor Ort aus? usw.

Im Urlaub in unbekannten Ländern ist alles «neu» – es gibt keine Automatismen. Es ist also deutlich «anstrengender» als in Deinem Alltag, wo Du ja die Wege kennst und Deine bekannten Routinen und Abläufe hast. Vergleich jetzt mal Dein strukturiertes Leben im Alltag mit Deinem Leben im Urlaub, wo im Extremfall alles neu ist! Die Idee beim Konzentrierten Lifestyle ist genau das: **«Urlauber im Alltag»** zu werden und dadurch eine ganz neue Lebensqualität im Alltag zu erfahren! Die Effekte dieses Konzentrierten Lifestyles sind der Wahnsinn:

Mehr Sicherheit im Straßenverkehr: Das Unfallrisiko sinkt, weniger Unfälle, weniger Unfalltote!

Mehr Gesundheit: Du nimmst Deinen Körper genauer wahr. Dadurch entwickelst Du ein Bewusstsein dafür, was Dein Körper braucht, um fit zu sein. Du wirst letztendlich schlanker, fitter und gesünder.

Mehr Produktivität im Job: Du lässt Dich nicht mehr so leicht ablenken, arbeitest auf diese Weise deutlich effektiver. Unangenehme Aufgaben erledigst

Du mit minimalem Zeitaufwand. Dein Konzentrierter Lifestyle setzt Energie frei für kreative Ideen und begünstigt Innovationen.

Das Essen schmeckt besser: Eine Übung des Konzentrierten Lifestyles ist, Messer und Gabel beim Essen zu vertauschen. Diese ungewohnte «Technik» schärft die Sinne, man kann nicht mehr so schlingen, man isst viel bewusster und bekommt dadurch intensiver den Geschmack mit.

Weniger Missverständnisse: In Gesprächen kannst Du Dich viel besser auf das konzentrieren, was Dein Gegenüber sagt. Weil Du genau zuhörst, fühlt sich der andere eher verstanden. Dadurch gibt es seltener Streit.

Bessere Leistungen im Sport: Wenn Du konzentriert bist, bekommst Du mehr mit im Training. Du machst schnellere Fortschritte und senkst Dein Verletzungsrisiko. Bei Wettkämpfen kannst Du Deine Leistung besser abrufen.

Gefühlt mehr Lebenszeit: Wer jeden Tag das Gleiche macht, hat das Gefühl, als würde die Zeit rasend schnell vergehen. Das kennen besonders ältere Menschen, die ja fast nur noch feste Routinen haben. Mit dem Konzentrierten Lifestyle ist dagegen kein Tag mehr wie der andere. Du lernst immer wieder Neues dazu und erlebst jeden einzelnen Tag viel intensiver. Statt chronischem Zeitmangel hast Du das Gefühl, viel mehr Lebenszeit zur Verfügung zu haben.

Mehr Geld in der Tasche (kein Scherz!): Du kaufst bewusster ein, bist deshalb nicht mehr so anfällig für die Verführungen der Werbeindustrie. Das Ergebnis: Am Ende des Monats hast Du mehr Geld übrig.

Besserer Sex: In der Partnerschaft gibst Du Dich ganz dem Moment hin, ohne in Gedanken abzuschweifen. Durch Deine gesteigerte Wahrnehmung erlebst Du mehr Leidenschaft und Genuss. Du bist spontaner und aufgeschlossener für Überraschungen. Routine im Bett ersetzt Du durch Neugier und Fantasie.

Geringeres Risiko für Alzheimer und Demenz: Wenn Du regelmäßig Deine Konzentration trainierst, bleibst Du geistig länger jung und reduzierst damit nachweislich das Risiko, an Alzheimer und Demenz zu erkranken. Auch Menschen, die bereits leicht oder mittelschwer von diesen Erkrankungen betroffen sind, können mit Hilfe von Konzentrationstraining den Verlauf abmildern.

Weniger Ängste und Blockaden: Du siehst Aufgaben als Herausforderungen und hast Spaß dabei, sie zu meistern. Erfolgserlebnisse wecken Deinen Ehrgeiz und bauen Dein Selbstvertrauen auf. Du weißt, was Du kannst. Und was Du nicht kannst, das kannst Du lernen, wenn Du es willst – psychologisch nennt man das «Handlungsoptimismus». Gemeint ist damit das genaue Gegenteil von Ängsten, Zweifeln und Blockaden.

Mehr Erfolg bei Prüfungen: Du bist konzentrierter im Unterricht, nimmst den Lernstoff leichter auf. Das reduziert den Zeitaufwand fürs Lernen und Nacharbeiten zu Hause. In Prüfungen bleibst Du ruhiger und erinnerst Dich besser an das Gelernte. So bekommst Du bessere Noten.

Also zusammenfassend: *Mit dem Konzentrierten Lifestyle hast Du* ***mehr Erfolg im Leben!***

WIE GEHT DER KONZENTRIERTE LIFESTYLE KONKRET?

Stopp Deine (langweiligen) Automatismen! Alles, was «von alleine» abläuft, ist schlecht für Dich. Im Straßenverkehr ist «Unaufmerksamkeit» die häufigste Unfallursache! Noch vor überhöhter Geschwindigkeit und Alkohol am Steuer. Also schalte Deine Konzentration ein in Deinem Alltag.

Lebe Konzentration. Das ist der Konzentrierte Lifestyle!

Lass uns mal einen Tag zusammen durchgehen von morgens bis abends und sammeln, welche Aufgaben Du aktuell automatisiert durchführst (und die daher verändert werden müssen).

Achtung! Die Warm-up-Routine, die im Kapitel «Flow» vorgestellt wurde, hat den Sinn, Dich auf die bevorstehende Aufgabe einzustimmen und Dich in den Flow zu bringen. Das ist natürlich hilfreich, auch wenn es «regelmäßig» abläuft. Beim Konzentrierten Lifestyle geht es darum, nur die automatisierten Handlungen, die quasi **ohne Bewusstsein** ablaufen, zu hinterfragen und anders anzugehen!

Nur weil eine Tätigkeit «wiederkehrend» ist und dadurch die Anmutung einer Routine hat, muss das nicht schlecht für Dich sein. Es kommt stets auf den Inhalt an: Was machst Du bei Deiner Routine? Lässt Du die Tätigkeit ohne bewusste Anstrengung automatisch ablaufen, oder bist Du jedes Mal hochkonzentriert und voll bei der Sache?

Nehmen wir als Beispiel das Zähneputzen: Hoffentlich machst Du es regelmäßig. Es ist also eine Routine und das ist gut so. Aber wie putzt Du Deine Zähne? Immer gleich, automatisiert, ohne innere Beteiligung? Denkst Du dabei schon an andere Dinge? Das meine ich mit «Automatismen stoppen»!

Lösung: Putz Deine Zähne mal mit der ungewohnten Hand – und schon merkst Du, wie Du viel aufmerksamer Deine Zähne putzt und viel mehr im Moment bist. Und wenn auch das wieder automatisiert ist (das lernen wir nämlich schnell, weil das Gehirn so ein geniales Organ ist), **steigere den Schwierigkeitsgrad:** Zähneputzen auf einem Bein, auf Zehenspitzen, mit geschlossenen Augen, das andere Bein führt parallel kreisende Bewegungen aus. Kannst Du währenddessen den Kopf in den Nacken legen? Deine Handynummer rückwärts aufsagen

(oder «nuscheln» – beim Zähneputzen halt)? Das Alphabet rückwärts sagen? Ein Kollege von mir macht das konsequent seit mehr als vier Jahren und hat mittlerweile echte Probleme damit, den Schwierigkeitsgrad noch weiter zu steigern! Das ist also alles hoch trainierbar – die Sache ist die: Fang an, Deine langweiligen Automatismen zu durchbrechen!
Der dreifache Goldmedaillengewinner, fünffache Weltmeister und zwölffache Weltrekordhalter im Schwimmen, Michael Groß, wurde während seiner aktiven Zeit gefragt, ob ihm das ständige Bahnenziehen im Schwimmbad nicht langweilig werde («Kacheln zählen»). Seine Antwort: **«Ich habe noch nie eine Bahn wiederholt».**
Das macht den Champion aus: Gerade bei sich wiederholenden, scheinbar «langweiligen» Aufgaben so neugierig und konzentriert zu sein, dass man selbst in der Routine immer wieder neue Aspekte entdeckt. Wenn Du eine Sache aus diesem Handbuch hier mitnimmst, dann empfehle ich Dir diesen Konzentrierten Lifestyle mal auszuprobieren – das könnte Dein Leben verändern …

Welche Automatismen laufen bei Dir «ohne Bewusstsein» ab?

- Aufstehen, ins Bad gehen
- Duschen
- Zähneputzen
- Frühstücken
- Schuhe anziehen
- Denselben Weg zur Arbeit gehen oder fahren
- Eine Treppe hochgehen
- Am Schreibtisch sitzen
- Mit der gewohnten Hand schreiben
- Die Maus mit der rechten Hand bewegen
- Papier in den Papierkorb neben dem Tisch werfen
- Mit einer bestimmten Hand den Telefonhörer halten
- Die Armbanduhr immer am selben Handgelenk tragen
- An der Ampel warten
- Immer im selben Supermarkt einkaufen

Notiere Dir:

Meine automatisierten Handlungen:

....

....

....

....

....

....

....

....

....

....

....

....

....

Stopp Deine Automatismen – Vorschläge:

- Zähneputzen auf einem Bein, mit geschlossenen Augen
- Mit geschlossenen Augen ins Badezimmer gehen
- Duschen mit geschlossenen Augen
- Brot mit der ungewohnten Hand schmieren
- Die Schuhe im Stehen anziehen, mit geschlossenen Augen
- Mal einen anderen Weg zur Arbeit nehmen
- Die Armbanduhr am ungewohnten Handgelenk tragen
- In einem unbekannten Supermarkt einkaufen
- Die Mausgeschwindigkeit verdoppeln
- Die Maus mit der ungewohnten Hand bedienen
- Beim Essen Messer und Gabel vertauschen
- Eine Treppe rückwärts hoch- oder runtergehen
- Eine SMS mit der ungewohnten Hand schreiben
- Drei Schritte zurückgehen, wenn Du etwas in den Papierkorb wirfst, und daraus eine Wurfübung machen
- Die eigene Handynummer auf Englisch sagen, die eigene Handynummer rückwärts sagen
- An der Supermarktkasse parallel die Preise im Kopf addieren und vor dem letzten Stück den Gesamtpreis schätzen
- Den Cent-Betrag «fühlend» aus der Hosentasche holen, also ohne hinzuschauen. Nur spüren, z. B. 55 Cent = 50-Cent-Münze und 5-Cent-Münze erspüren aus einer Auswahl (2x 50 Cent, 2x 20 Cent, 2x 10 Cent, 2x 5 Cent, 2x 2 Cent, 2x 1 Cent)
  Steigerung: Mach das «unter Zeitdruck» direkt an der Supermarkt-Kasse
- Auf dem Gehsteig balancieren
- An der Ampel der Erste sein, der bei Grün losgeht
- Den Fernseher auf lautlos schalten und sich eigene Dialoge ausdenken (das ist eigentlich eine Kreativitätsübung, die Deiner Konzentration aber auch sehr gut tut!)
- Jonglieren lernen
- Joggen und dabei jonglieren

- Bei einer langweiligen Kurz-Aufgabe die Luft anhalten (eigentlich eine Motivationstechnik, denn dadurch erledigst Du solche lästigen Pflichten viel schneller, die Übung hilft aber auch im Hinblick auf den Automatismus, der wird nämlich durch diese Zusatzaufgabe durchbrochen)

Notiere Dir:

Mein Konzentrierter Lifestyle - Was machst DU, um Deine Automatismen zu stoppen?

....

....

....

....

....

....

....

....

....

«Das klingt so einfach - ist das alles? Das kann doch nicht alles sein?!»

Ich sage: doch! Genauso einfach ist es ... Du musst es halt wirklich machen und wirst feststellen, dass es gar nicht so einfach ist. Und vor allem ist es extrem schwierig, dranzubleiben und den Schwierigkeitsgrad immer weiter zu steigern.

Meiner Erfahrung aus über 18 Jahren Training zum Konzentrierten Lifestyle nach brauchst Du Reminder, also **Erinnerungshilfen,** damit Du das Training tatsächlich durchführst. Also der berühmte Zettel am Badezimmer-Spiegel mit dem Hinweis: «Zähneputzen auf einem Bein, mit der ungewohnten Hand, mit geschlossenen Augen ...» – oder der Zettel in der Küche: «Brot mit der ungewohnten Hand schmieren, Messer und Gabel vertauschen, eine Tasse randvoll füllen und nichts verschütten». Du wirst es sonst vergessen, glaub mir.

Eine elegante Form von Erinnerungshilfen sind **Trainingsgeräte!** Beispielsweise Jonglierbälle: Einfach dadurch, dass sie in Deinem Zimmer liegen, motivieren sie Dich zu jonglieren. Solche «Spielgeräte», am besten aus dem Sportfachhandel, kosten nicht viel, sind aber extrem hilfreich, wenn es darum geht, Deine **Konzentration im Alltag** zu fördern (Konzentrierter LIFESTYLE). Die Übungen müssen Spaß machen und sie müssen in Dein Leben integriert werden, ansonsten ist das nicht nachhaltig und es wird auch nicht zu den gewünschten Effekten kommen!

Jonglieren ist prima! Hol Dir drei Jonglierbälle, schau Dir eine Übungsanleitung auf YouTube an und lerne so schnell wie möglich jonglieren (dauert je nach Deinem Einsatz etwa drei Tage). Und dann greif immer mal wieder zu den Jonglierbällen, z. B. wenn Du darauf wartest, dass das Wasser kocht oder einfach so ohne konkrete Absicht. Dieses «spielerische Element» beim Konzentrierten Lifestyle ist ein wesentlicher Erfolgsfaktor: Ich bekomme Berichte von Führungskräften mit einem stark strukturierten Alltag, dass sie vor allem in solchen absichtslosen kurzen «Pausen», in denen sie jonglieren, geradezu **innerlich aufblühen** und den weiteren Tag viel konzentrierter, fokussierter, motivierter angehen.

Übersicht: Trainingsgeräte für das Konzentrationstraining zu Hause

Speed-Stacking
Becherstapeln auf Zeit

PIP-Biofeedback-Messgerät
Lerne Deinen Stressgrad zu kontrollieren

Mini-Trampolin
Für zu Hause und unterwegs

Einrad
Anspruchsvolles Koordinationstraining

Pezziball

Memory-Spiel
Trainiere Dein Gedächtnis

Nintendo Wii
Moderne Gleichgewichts- und Reaktionsspiele

Jonglierbälle

Slackline für zu Hause

Lightning Reaction
Reaktionstraining mit Stromstößen

Reflexball

Fit Disc

Wackelbrett

Scan mich

Alle Produkte findest Du hier:
www.Mentale-Pruefungsvorbereitung.de

Wichtig ist, Deine Fortschritte beim Konzentrierten Lifestyle zu dokumentieren. Dadurch siehst Du, dass Du tatsächlich immer besser wirst:

Wie lange kannst Du jonglieren?

Datum: .... Zeit: ....

Datum: .... Zeit: ....

Datum: .... Zeit: ....

Wie lange kannst Du auf einem Bein jonglieren?

Datum: .... Zeit: ....

Datum: .... Zeit: ....

Datum: .... Zeit: ....

Wie lange kannst Du auf dem Wackelbrett mit geschlossenen Augen stehen?

Datum: .... Zeit: ....

Datum: .... Zeit: ....

Datum: .... Zeit: ....

Wie lange dauert es, bis Du das Alphabet rückwärts aufgesagt hast?

Datum: .... Zeit: ....

Datum: .... Zeit: ....

Datum: .... Zeit: ....

Fallen Dir Hauptstädte mit A, B, C, D ... ein? Flüsse? Wie lange brauchst Du dafür?

Datum: .... Zeit: ....

Datum: .... Zeit: ....

Datum: .... Zeit: ....

Mach den **Stroop-Test:** Sag so schnell wie möglich die Farbe, in der das Wort geschrieben steht. NICHT das Wort vorlesen!! Beispiel: **blau →** Hier müsstest Du also **«rot»** sagen, weil die Farbe der Buchstaben rot ist. Noch mal: nicht das Wort vorlesen, sondern die Farbe der Buchstaben nennen.

Stopp die Zeit dabei – schaffst Du es in unter 40 Sekunden?

grün	gelb	rot	blau	grün
rot	schwarz	grün	rot	schwarz
gelb	blau	weiß	schwarz	weiß
rot	grün	blau	gelb	grün
weiß	blau	rot	grün	weiß
blau	grün	schwarz	rot	grün
schwarz	rot	gelb	blau	weiß
rot	gelb	schwarz	rot	gelb
blau	schwarz	rot	weiß	grün
gelb	blau	weiß	grün	rot

Auswertung:

Über 1 Minute: zu langsam. Mach die Übungen hier aus dem Kapitel «Konzentrierter Lifestyle», dann wirst Du schon bald besser werden.
50 Sekunden bis 59 Sekunden: okay, aber da ist noch Luft nach oben.
40 Sekunden bis 49 Sekunden: gut!
Unter 40 Sekunden: sehr gut!

Ergebnis:

Datum: .... Zeit: ....

Datum: .... Zeit: ....

Datum: .... Zeit: ....

Jeder Test ist auch ein Training. Es macht also Sinn, häufiger zu testen. Denn dadurch trainierst Du jedes Mal Deine Konzentration. Dokumentiere Deine Ergebnisse beim Jonglieren und den anderen genannten Übungen mit Datum und Ergebnis so wie bei dem Stroop-Test. So kannst Du klar sehen, dass Du mit der Zeit in jedem Test immer besser wirst. Die Konzentration ist nämlich prima trainierbar. Wenn Du Dir das durch diese Dokumentation vor Augen führst, löst das weitere Motivation aus und stärkt Dein Selbstbewusstsein.

«Das ist mir peinlich»!

Eine Übung aus dem Konzentrierten Lifestyle ist ja «eine Treppe rückwärts hochgehen». Wenn ich das in einem öffentlichen Gebäude mache, bekomme ich fast immer komische Blicke und manchmal sogar einen Kommentar («So kann man auch eine Treppe gehen. Hahahaha!»).
Die komischen Blicke der Leute muss man aushalten. Das braucht Mut und Überwindung. Lass Dich von anderen nicht davon abhalten, Erfolg zu haben! Es ist DEIN Leben, um das es hier geht.
Ich setze bei solchen Kommentaren immer absichtlich mein breitestes Lächeln auf und mache einfach weiter. Wenn jemand hartnäckig bleibt und nachfragt «Was soll das denn?» erkläre ich das nicht, sondern sage einfach: «Selber ausprobieren!» und (wichtig:) mache einfach weiter. Psychologischer Background: «Führen durch Handeln». So behältst Du die Prozesshoheit (also Deine Souveränität), indem Du Dich eben nicht aus dem Konzept bringen lässt, sondern einfach weitermachst. Auch wenn Du tatsächlich «komisch» aussiehst, wirkt das auf andere extrem stark und sogar ein Stück weit faszi-

nierend, wenn Du Dich nicht aus dem Konzept bringen lässt. Ausstrahlung entsteht genau so: Mach Dein Ding! Zieh es durch! Und wenn Kommentare von Unwissenden kommen, lächle und mach weiter und notfalls dreh den Spieß einfach um, indem Du zurückspiegelst «Selbst ausprobieren!»: Du bist ja schon weiter in Deinem Training, das heißt, die «Kritiker» werden dabei deutlich «ungeschickter» aussehen als Du.

Ich wünsch Dir, dass Du Dich traust und es wirklich im Alltag durchziehst: an der Ampel auf einem Bein stehen, im Restaurant Messer und Gabel vertauschen, rückwärts gehen, jonglieren im Alltag ... Und stell Dich mental darauf ein, dass Du Dich ein Stück weit überwinden musst. Andere werden komisch gucken! Aber Du weißt ja: Wachstum gibt es nur außerhalb Deiner Komfortzone.

Vielleicht hilft Dir die folgende Strategie: Stell Dir einfach vor, dieser Kritiker hätte nur noch drei Monate zu leben ... Dann fällt es plötzlich ganz leicht, über den Dingen zu stehen und souverän zu bleiben. Ich leg in solchen Momenten immer zunächst mein breitestes Lächeln auf (Humor ist eine der besten mentalen Strategien überhaupt!), und wenn das nicht ausreicht, switche ich zu dieser Strategie («Der hat nur noch drei Monate zu leben!»). Das erkennt man daran, dass mein Lächeln dann einem Mitleids-Ausdruck weicht. Wenn Du mich in so einer Szene beobachten würdest, wüsstest Du, was ich gerade denke. Und wenn selbst das nicht ausreicht – es gibt ja durchaus sehr hartnäckige Kritiker auf diesem Planeten – dann steigere ich das noch mal und stelle mir vor, ICH hätte nur noch drei Monate zu leben ... Meine letzten drei Monate möchte ich definitiv genießen und mich keinesfalls in sinnlose Diskussionen verstricken lassen – das hilft mir immer, falls die anderen Strategien nicht geholfen haben, so eine Situation konsequent zu beenden.

> *«Wachstum gibt es nur außerhalb Deiner Komfortzone.»*

Notiere Dir:

«Ich war in der Prüfung hochkonzentriert»:

trifft **gar nicht** zu — trifft **voll** zu

Erklärungen/Ursachen, *falls es gar nicht geklappt hat:*

....

....

Dein Erfolgsgeheimnis, *falls es sehr gut geklappt hat:*

....

....

Konsequenzen *für die nächste Prüfung:*

....

....

7.

Die Szenario-Technik

Aus der Politik, der Wirtschaft und beim Militär ist die Szenario-Technik bekannt, bei der es darum geht, mögliche Ausgänge einer Situation schon vorher zu kennen. So wirst Du nicht kalt erwischt, wenn es tatsächlich zu so einer Situation kommt. Du bist vorbereitet, hast Dich schon im Vorfeld mit dieser Situation auseinandergesetzt und kannst **mental stark bleiben.** Auch im Sport setze ich diese Methode zur mentalen Vorbereitung der Athleten auf die Olympischen Spiele ein.

Beim Best-Case-Szenario überlegst Du Dir, wie die Prüfung **bestenfalls** verlaufen wird. Ganz ehrlich: Auch auf das Gute muss man sich mental vorbereiten! Es gibt wie gesagt das Phänomen «Angst vor Erfolg»: Wenn der Erfolg «droht», wird Dir plötzlich klar, dass DU anschließend im Rampenlicht stehst, und wenn Du Dich darauf mental gar nicht eingestellt hast, kann das bis zu Blockaden in der Prüfung führen. Hoch-psychologisch das Ganze, aber ich selbst habe das schon mehrfach mit Klienten erlebt, die gar nicht damit gerechnet hatten, dass sie **so gut** abschneiden würden in ihrer Prüfung, und in dem Moment, als sie das realisierten, extrem nervös wurden bis hin zum Versagen «auf der Zielgeraden». Das soll mir als Coach nie wieder passieren, daher meine ganz persönliche Bitte: Bereite Dich nicht nur auf schwierige Situationen vor, sondern auch auf das Best-Case-Szenario: Was ist, wenn alles super für Dich läuft? Wie sieht die Prüfung dann aus? Beschreibe bitte den optimalen Prüfungsverlauf.

«Mit der Szenario-Technik wirst Du nicht kalt erwischt, wenn es tatsächlich zu einer Extrem-Situation kommt. Du hast Dich schon im Vorfeld mit dieser Situation auseinandergesetzt und kannst deshalb mental stark bleiben.»

Notiere Dir:

Mein Best-Case-Szenario - Die Prüfung läuft optimal, wenn:

1.) ....

....

2.) ....

....

3.) ....

....

Du hast alles richtig gemacht, wenn Du Dir dieses Best-Case-Szenario intensiv vorstellst und diese Vorstellung Dir ein Lächeln auf die Lippen zaubert. Schreibe Deinen Handlungsplan für diesen Best-Case-Prüfungsverlauf bitte wirklich auf, und zwar handschriftlich! Das hat etwas mit Verinnerlichung zu tun. Beim handschriftlichen Schreiben sind mehr Gehirnregionen aktiv. Ergänze also nun: Was machst Du, wenn es tatsächlich zu diesem Best Case kommt. Was denkst Du in dieser Situation, wie fühlst Du Dich in dieser Situation und wie verhältst Du Dich?

Das ist individuell und es gibt auch kein Richtig oder Falsch. Es geht nur darum, dass Du Dir eine Art Roadmap ausmalst, so dass diese Erfolgs-Situation ein Stück weit «normal» für Dich wird. Als Beispiel (nur ein Beispiel …) folgender Handlungsplan:

Handlungsplan: Best-Case-Szenario

Meine Gedanken:
Alles läuft wie geplant. Prima, ich bleibe konzentriert bis zum Schluss.

Meine Gefühle:
Ich habe Spaß in der Prüfung – ein schöner Moment!
Ich bin so genial vorbereitet, Hammer!

Mein Verhalten:
Blick auf das Aufgabenblatt lenken und weiter sauber arbeiten.

Notiere Dir:

Wenn das Best-Case-Szenario eintritt, dann:

Meine Gedanken:

....

....

....

Meine Gefühle:

....

....

....

Mein Verhalten:

....

....

....

Nachdem Du Dein Best-Case-Szenario beschrieben und diesen Handlungsplan dafür gefunden hast, lerne ihn bitte auswendig. Es reicht nicht, dass Du ihn auf dem Papier stehen hast. Er muss verinnerlicht werden. Ja, das kostet etwas von Deiner wertvollen Lebenszeit – und macht auch nicht wirklich Spaß. Wobei: Es geht ja erst mal um das Best-Case-Szenario ... das sollte sich eigentlich sehr gut für Dich anfühlen. Das Entscheidende bei all dem Aufwand ist, dass Du **Deine Prüfung erfolgreich meisterst,** und da wollen wir alle möglichen Hebel umlegen, die aus der Sportwissenschaft und dem Mentaltraining bekannt sind und z. B. im Rahmen der mentalen Olympiavorbereitung erfolgreich eingesetzt werden. Aktuell für Tokio 2020 sollen sich meine Athleten jetzt schon damit anfreunden, dass sie dort im Rampenlicht stehen werden. Der Erfolg darf keinen «Stress» auslösen, sondern muss ein Stück weit «normal» sein. Das geht (leider) nur mit diesem Bewusstmachen, Aufschreiben und Auswendiglernen. Ich wünsche Dir, dass Du diesen Aufwand betreibst und dadurch Dein bestes Prüfungsergebnis erreichst!

Das Worst-Case-Szenario

Noch wichtiger für die meisten von uns ist, sich mit möglichen kritischen Prüfungsverläufen auseinanderzusetzen. Wir wollen nun daran arbeiten, dass auch so ein Worst-Case-Szenario Dir **genau das gleiche Lächeln auf die Lippen zaubert** wie das Best-Case-Szenario, nämlich dass Du, falls es tatsächlich zu so einem katastrophalen Prüfungsverlauf kommt, Dich trotzdem so genial vorbereitet fühlst, dass Du sogar kurz schmunzeln musst.
In so einem Zustand fallen Dir dann vielleicht doch noch die Antworten ein bis hin zu spontanen Erkenntnissen während der Prüfung. «Aha-Momente» in der Prüfung – auch das gibt es! Aber nur sofern Dein Zustand es zulässt! Ziel ist also, dass Du trotz dieser Stresssituation cool bleibst. **Locker bleiben unter Druck** klappt sehr gut mit der folgenden Übung.

«Das Entscheidende bei all dem Aufwand ist, dass Du Deine Prüfung erfolgreich meisterst, und da wollen wir alle möglichen Hebel umlegen.»

Was wären die drei stressigsten Situationen für Dich in der Prüfung?

Beispiele:

- Es kommt eine «einfache» Frage zu Beginn, die ich nicht beantworten kann. Der Prüfer wollte mir damit einen «leichten» Einstieg geben, aber weil ich ausgerechnet diese «leichte» Einstiegsfrage nicht wusste, liegt eine negative Stimmung auf der ganzen Prüfung.
- Es sitzen «Zuschauer» (jüngere Semester) im Prüfungsraum und schauen mir bei der Prüfung zu. Einige tuscheln, ich nehme ein Kichern von den Zuschauern wahr, als ich eine Frage falsch beantworte.
- Der Prüfer schaut sehr ernst, ich mache einen Spruch, um die Situation aufzuheitern, aber er schreit mich geradezu an: «Das ist hier kein Spaß! Nun konzentrieren Sie sich mal!»
- Es ist mein letzter Versuch – die beiden Prüflinge vor mir kommen aus dem Prüfungsraum mit hochrotem Kopf. Beide haben nicht bestanden. Eine Kandidatin beginnt auf dem Flur zu weinen.
- Die Aufgaben sind so kompliziert formuliert, dass ich nichts mit ihnen anfangen kann. Bin ich überhaupt in der richtigen Prüfung? Was zum Henker sind Wurzelknoten beim Baumdiagramm?!

Notiere Dir:

Mein Worst-Case-Szenario - Die Prüfung läuft katastrophal, wenn:

1.)

....

....

....

2.)

....

....

....

3.)

....

....

....

Ziel ist *also, dass Du trotz dieser* ***Stresssituation cool bleibst.***

Hast Du Deine drei stressigsten Situationen für Deine Prüfung gefunden und aufgeschrieben? Okay, dann brauchst Du jetzt einen Handlungsplan: Was kannst Du tun, wenn es tatsächlich zu so einer Situation kommt?

Ein Badminton-Spieler, der für Deutschland bei den Olympischen Spielen startet, fühlte sich insbesondere durch die Situation «Fehlentscheidungen des Schiedsrichters» gestresst. Das war sein persönliches Worst-Case-Szenario. Eigene Punkte werden nicht gegeben («Der Ball war im Aus» – war er aber gar nicht) oder Fehler des Gegners werden nicht gesehen. Gemein. Unfair. Kann man nichts machen – der Schiedsrichter hat immer recht.
Wir haben also dieses Worst-Case-Szenario genau definiert, aufgeschrieben, Gedanken und Gefühle vergegenwärtigt und eine Lösung gefunden: *Wenn es zu Fehlentscheidungen durch den Schiedsrichter kommt, lächle ich ins Publikum, sage mir innerlich «Okay, am Ende wird abgerechnet» und gehe den nächsten Ballwechsel so konzentriert wie immer an.*

Im Wettkampf (Deutsche Meisterschaft) kam es tatsächlich zu Fehlentscheidungen, allerdings zum Nachteil des Gegners. Dieser hatte sich auf diese Situation anscheinend nicht vorbereitet und kam mit den Fehlentscheidungen überhaupt nicht klar. Er hat sich aufgeregt, viel Energie verschwendet und war in der Folge noch unkonzentrierter, was weitere Fehler, Frust und Ärger ausgelöst hat. Mein Sportler lächelte zu mir ins Publikum: «Der hat die Szenario-Technik nicht gemacht!»

Notiere Dir:

Wenn das Worst-Case-Szenario eintritt, dann:

Meine Gedanken:

....

....

....

Meine Gefühle:

....

....

....

Mein Verhalten:

....

....

....

Auch hier ist das handschriftliche Aufschreiben Deines Handlungsplanes nur der erste Schritt (sorry). Lerne ihn auswendig! Verinnerliche ihn. Es wird eh schon schwierig genug sein, sich in der echten Stresssituation überhaupt nur daran zu erinnern, dass Du Dich auf diese Situation vorbereitet hast, das heißt, je besser Du Deinen Handlungsplan heute auswendig lernst, umso mehr profitierst Du davon in der Prüfung, falls es tatsächlich zu dieser Situation kommt.
Du kannst natürlich darauf hoffen, dass die befürchtete Katastrophe niemals eintritt, aber das sehen wir so wie Piloten: Hoffentlich fällt niemals das Triebwerk aus! Aber wenn es doch passiert, weiß der Pilot, was zu tun ist, denn er hat genau dieses Worst-Case-Szenario schon hundertmal im Vorfeld durchgespielt.
Übrigens ist dieses mentale Durchspielen von Situationen genau das, was Mentaltraining so hilfreich macht. Dieses **Kino im Kopf** ist hochwirksam und in zahlreichen Studien nachgewiesen. Das Gehirn kann nicht wirklich unterscheiden, ob Du Dir etwas nur sehr intensiv vorstellst oder es tatsächlich erlebst. Probiere es gleich mal aus: Stell Dich hin und stell Dir dann vor, Du würdest nach hinten auf ein weiches Federbett fallen. Nur in Gedanken ganz intensiv vorstellen, wie Du Dich nach hinten auf das Bett fallen lässt. Was passiert? Genial oder?
Studien hierzu sind beispielsweise die von Lejeune (1994) im Tischtennis, wo sich die Spieler nur vorstellen sollten, wie sie den Schlag ausführen. Die Spieler haben gar nicht praktisch trainiert, sondern nur im Kopf, und waren nach einer Woche (fünf Trainingseinheiten) **um 200 Prozent besser!**
Spiel Deinen Best Case und Deine Worst-Case-Szenarien im Kopf durch, mit Deinen entsprechenden Handlungsplänen, und zwar so intensiv, als wäre die Situation gerade real. Da muss man sich also schon drauf einlassen und etwas Fantasie entwickeln. Wenn Du das gemacht hast und es kommt dann tatsächlich zu so einer Situation in der Prüfung, möchte ich bitte ein Feedback von Dir, wie Du diese kritische Situation ganz locker bewältigt hast!

Lejeune, M., Decker, C., & Sanchez, X. (1994). Mental rehearsal in table tennis performance. *Perceptual and Motor Skills, 79,* 627–641.

«So ist das Leben: Es gibt Überraschungen. Entscheidend ist Deine Haltung einer überraschenden Situation gegenüber.»

Ein Hinweis noch zum Thema «Man kann sich doch nicht auf alle Eventualitäten vorbereiten».

Ja, das stimmt! Sämtliche theoretisch möglichen Ausgänge zu trainieren schaffst Du rein zeitlich gar nicht. Nimm Dein Best-Case-Szenario und Deine drei Worst-Case-Szenarien. Das reicht. Wenn darüber hinaus etwas komplett Unerwartetes passiert, dann ist es halt so! So ist das Leben: Es gibt Überraschungen. Entscheidend für Deine mentale Stärke (und somit für Deinen Prüfungserfolg) ist **Deine Haltung** einer überraschenden Situation gegenüber. Löst eine Frage, mit der Du gar nicht gerechnet hast, Panik bei Dir aus – oder sagst Du Dir «Okay, ich bin gut vorbereitet – wenn jetzt etwas passiert, womit ich gar nicht gerechnet habe, dann wird's vielleicht keine Eins mit Sternchen. 80 Prozent reichen auch!»

Mir ist mal etwas passiert, das mich vollkommen aus dem Konzept gebracht hat. Das war während einer mündlichen Vordiploms-Prüfung in Psychologie. Ich saß im Büro des Professors, die Beisitzerin links neben mir. Etwa zehn Minuten nach Prüfungsbeginn klingelt plötzlich das Telefon des Professors. Er unterbrach die Prüfung und ging ran. Seine Frau war am Telefon und die Beisitzerin und ich konnten dabei zuhören, was noch fürs Wochenende einzukaufen war … ich werde das nie vergessen. Vermutlich ist das jetzt gar nicht so komisch, wenn man nicht selbst live dabei gewesen ist. Das Skurrile war einfach dieser plötzliche Rollenwechsel vom strengen Professor, der gerade eine wichtige Prüfung abnimmt, zum Ehemann mit «ganz normalen» Alltagssorgen («Nein, Schatz, Kürbiskernöl ist bei Lidl im Angebot»). Und nach zwei Minuten wieder zurück in die Rolle des Prüfers.

Im Zuge der Recherchen für dieses Buch hier bin ich auf einige «Pannen-Bücher» gestoßen, die Dir **mit Humor** helfen, solche ungeplanten Situationen zu überstehen:

Scan mich

Meine **Buch-Tipps** für Dich:
www.Mentale-Pruefungsvorbereitung.de

Notiere Dir:

«Ich konnte in kritischen Situationen, die während der Prüfung auftraten, mental stark bleiben»:

trifft **gar nicht** zu ——————————————— trifft **voll** zu

Erklärungen/Ursachen, *falls es gar nicht geklappt hat:*

....

....

Dein Erfolgsgeheimnis, *falls es sehr gut geklappt hat:*

....

....

Konsequenzen *für die nächste Prüfung:*

....

....

Wenn über
Deine Szenarien
hinaus etwas
Unerwartetes
passiert, dann ist
es halt so!

8.

Virtuelle Realität

Bei der mentalen Olympiavorbereitung für Rio 2016 und aktuell wieder für Tokio 2020 bereite ich meine Athleten mit Hilfe von VR (virtueller Realität) auf die Wettkämpfe vor. Das ist spannend, hochwirksam und effektiv: Man kann halt nicht mal kurz nach Tokio fliegen, um sich mit der Wettkampfstätte anzufreunden, aber man kann die VR-Brille aufsetzen und sich mental dorthin beamen. Das Gehirn erkennt den Unterschied nicht! Und wenn die Athleten dann tatsächlich am Wettkampfort ankommen, wirkt alles ganz vertraut und bekannt, so als wären sie schon hundertmal dort gewesen. Waren sie ja auch, nur halt mental – und das reicht schon! Das Gefühl der Vertrautheit entsteht auch dann, wenn es nur ein Mentaltraining war. So kann man eher seine Leistung abrufen.
Daher möchte ich Dir dieses Thema für Deine Prüfungsvorbereitung nicht vorenthalten. Mir ist natürlich klar, dass das durchaus viel Aufwand und ehrlicherweise auch nicht unerhebliche Kosten nach sich zieht, wenn Du ein VR-Training für Deine Prüfung einsetzen möchtest. Ich werde dieses Kapitel kompakt halten und wenn das zu technisch für Dich ist oder zu viel Aufwand/Kosten bedeutet, dann blättere einfach weiter. Früher hatten wir auch kein VR-Training und haben trotzdem unsere Prüfungen gemeistert. Am besten fasziniert Dich dieses Thema VR auch unabhängig von Deiner anstehenden Prüfung. Dann kann Dir die folgende Einführung hierzu mit den anschließenden Beispielen aus dem Leistungssport und der mentalen Auftrittsvorbereitung von Musikern sicher helfen bei Deinen ersten Ausflügen in die virtuelle Realität.

WORUM GEHT ES?

Es ist heute technisch möglich, ein Bild zu erzeugen, dass sich zeitgleich mit Deinen Kopfbewegungen verändert. Wenn Du nach links schaust, «dreht» sich das Bild in Deinem Sichtfeld auch nach links, so als würdest Du tatsächlich, also ohne die VR-Brille, nach links schauen. Das ist für Dein Gehirn nicht verständlich, bzw. es wird so interpretiert, als hättest Du gar keine VR-Brille auf, sondern als wärst Du wirklich gerade in dieser Situation. Man nennt diesen Effekt **«Immersion».** Das bezeichnet den Realitätsgrad, den die VR-Anwendung erreicht. Und dieser Realitätsgrad ist heutzutage echt erstaunlich!

Ich selbst nutze die **Oculus Rift.** Da werden einige Beispiele mitgeliefert, z. B. wie ein Tyrannosaurus Rex auf Dich zugelaufen kommt, und ich musste beim ersten Mal, als ich diese Szene erlebt hatte, die Brille ablegen, so eine Panik-Reaktion hat das bei mir ausgelöst, kein Scherz!
Du hast also mit der VR-Brille die Möglichkeit, in eine Situation so realistisch einzutauchen, dass es wie eine echte Erfahrung wirkt. Klassisches Beispiel: Höhenangst! Du setzt die VR-Brille auf und begibst Dich in der Simulation auf das Dach eines Hochhauses. Es ist für Dich so, als wärst Du tatsächlich dort oben. Mit dem großen Vorteil, dass Du ja weißt, dass Du sicher am Boden bist. Du kannst also lernen, Dich direkt in der Stresssituation zu entspannen und Deine Höhenangst zu bewältigen.
Samsung hat hierzu das Projekt *BeFearless* ins Leben gerufen, wo die Themen «Höhenangst», «Angst in der Öffentlichkeit zu sprechen» und «Bewerbungsgespräch» virtuell trainiert werden können. Ergebnis: Von den 82 Probanden konnten 87,5 Prozent der Teilnehmer bereits nach zwei Wochen ihre Höhenangst um 23,6 Prozent senken. Insgesamt konnten nach vier Wochen VR-Training etwa 90 Prozent der Teilnehmer ihre Ängste überwinden. Ein beeindruckendes Ergebnis!

Scan mich

Hintergründe zum **#BeFearless-Projekt:**
www.Mentale-Pruefungsvorbereitung.de

Scan mich

YouTube-Video zum **#BeFearless-Projekt:**
www.Mentale-Pruefungsvorbereitung.de

TECHNIK UND SYSTEM-VORAUSSETZUNGEN

Die Oculus Rift ist aktuell (Stand Juli 2017) das Beste, was es auf dem Markt der frei verfügbaren VR-Brillen mit einem «realistischen» Preis-Leistungs-Verhältnis gibt. Kostenpunkt: ca. 549 Euro.
Hierbei ist anzumerken, dass es sich um ein stationäres System handelt, das heißt, du brauchst zusätzlich noch einen leistungsstarken (Gamer)-PC:

Scan mich

Oculus Rift:
www.Mentale-Pruefungsvorbereitung.de

Grafikkarte	NVIDIA GTX 1060/AMD Radeon RX 480 oder besser
Alternative Grafikkarte	NVIDIA GTX 970/AMD Radeon R9 290 oder besser
Prozessor	Gleichwertig zu Intel i5-4590 oder besser
Arbeitsspeicher	8 GB+ RAM
Videoausgang	Kompatibler HDMI-1.3-Videoausgang
USB-Anschlüsse	3 x USB 3.0-Anschlüsse plus 1 x USB 2.0-Anschluss
Betriebssystem	Windows 7 SP1 (64 Bit) oder höher

PCs, die diese Voraussetzungen erfüllen, sind für rund 900 Euro (Stand Juli 2017) erhältlich. Damit liegen die Anschaffungskosten für dieses (High-End-) VR-System bei rund 1.449 Euro.

Die Alternative von Samsung liegt preislich deutlich darunter, allerdings ist die Qualität auch etwas geringer. Für die meisten Anwendungen wird das **Samsung Gear VR System** jedoch vollkommen ausreichen.
Kostenpunkt: etwa 49,90 Euro.

Scan mich

Samsung Gear VR System:
www.Mentale-Pruefungsvorbereitung.de

Hierzu ist anzumerken, dass das **Samsung Gear VR System** nur in Kombination mit einem Samsung Smartphone funktioniert. Dieses kostet ohne Vertrag etwa 500 Euro.

Und schließlich hat Google ein System entwickelt, das schon fast unglaubwürdig günstig ist. Es heißt **Google Cardboard** und liegt preislich bei etwa 8 Euro (in Worten: «acht»).

Scan mich

Google Cardboard:
www.Mentale-Pruefungsvorbereitung.de

Wobei auch hier das Smartphone in die Vorrichtung geklemmt wird, das heißt, man hat wie bei dem Samsung-System sein Smartphone direkt vor den Augen.

Um nun die virtuelle Realität betreten zu können, benötigst Du ein **360°-Bild** von Deinem Prüfungsraum. Zur Aufnahme nutze ich die Samsung Gear360, die für etwa 249 Euro daherkommt:

Scan mich

Samsung Gear360:
www.Mentale-Pruefungsvorbereitung.de

Hierzu stellst Du die 360°-Kamera möglichst genau dorthin, wo Du später stehen oder sitzen wirst. Vielleicht fragst Du einfach mal freundlich den Prüfer, ob Du so ein 360°-Foto vom Prüfungsraum machen kannst? Ich könnte mir gut vorstellen, dass das den Prüfer sogar selbst interessieren wird, wie das mit der virtuellen Realität geht. Vielleicht setzt er sich sogar bei der Aufnahme an den Schreibtisch und «schaut streng», so dass Du Dich noch realistischer auf diese Situation vorbereiten kannst? Das wäre mal eine richtig gute Initiative (schönen Gruß an Deinen Prüfer)! Es macht natürlich auch einen guten Eindruck, wenn der Prüfer sieht, wie gewissenhaft Du Dich auf die Prüfung vorbereitest.

VR-TRAINING FÜR DEINE PRÜFUNG

Jetzt bist Du bereit, um Dich mit Hilfe von virtueller Realität auf Deine Prüfung einzustellen. Du spielst das 360°-Foto in Deine VR-Anwendung ein. Bei der Oculus Rift läuft das über die Anwendung «Virtual Desktop», die es kostenfrei im Oculus Store gibt. Wenn Du die VR-Brille aufsetzt, betrittst Du sozusagen den Prüfungsraum und kannst nun mittendrin die Prüfung üben, z. B. einen Vortrag halten zu Deinem Prüfungsthema oder Dir Fragen stellen lassen, die Du beantworten musst. Oder auch nur lächeln, anfreunden, ein «vertrautes» Gefühl aufbauen zu diesem Raum, damit Du Dich später in der echten Prüfung nicht ganz so unwohl fühlst, sondern im Gegenteil, Dir alles ein Stück weit vertraut vorkommt.

Was mache ich mit meinen Athleten bei einem VR-Training?

Fünf Anwendungen haben sich als extrem hilfreich herausgestellt:

1. Gewöhnung an den Wettkampfort

Jede Halle, jeder Platz, jede Sportstätte hat ihre Besonderheiten, die zu Hause im Training nicht gegeben sind. Darauf muss man sich einstellen, denn das Gehirn lernt nicht nur die eigentlichen Techniken, sondern immer auch die Umgebung, in der das Training stattfindet. Und wenn diese Umgebung im Wettkampf nun anders ist als im Training, fehlen wichtige Orientierungspunkte, so dass Abläufe, die zu Hause noch problemlos geklappt haben, jetzt im Wettkampf gar nicht mehr funktionieren.

2. Training von Handlungsplänen «vor Ort»

Was macht der Pilot, wenn das Triebwerk ausfällt? Antwort: Hierfür hat er einen Handlungsplan. Die kritischen Situationen, die wir im Vorfeld gefunden haben und für die wir entsprechende Handlungspläne definiert haben (z. B. Umgang mit Fehlentscheidungen des Schiedsrichters), trainieren wir während der Sportler die VR-Brille aufhat und mental im Wettkampf steht. Ich rufe eine kritische Situation rein («Der Schiedsrichter gibt Deinen Punkt nicht! Fehlentscheidung!») und der Athlet muss nun auswendig seinen Handlungsplan aufsagen, was er in dieser Situation jetzt machen würde. Durch die visuelle Unterstützung der VR-Brille können die Athleten einen Bezug herstellen von dieser Handlungsplan-Übung zur tatsächlichen Wettkampfsituation. Wenn es im Wettkampf zu einer kritischen Situation kommt, fällt es den Athleten leichter, ihre hierfür geübten Handlungspläne abzurufen.

3. Orientierung in einer fremden Stadt

Google Earth ist ja wirklich ein Mega-Projekt! Bereits im Jahre 2001 gestartet, damals noch unter dem Namen Earth Viewer, vom Unternehmen Keyhole Inc., das 2004 von Google gekauft wurde. 2005 benannte der neue Eigentümer die Software in Google Earth um und vermeldete im Jahre 2006 eine Datenbank-Größe von 70,5 Terabyte (das sind 70.500 Gigabyte). Im September 2006 waren es 150 Terabyte Datenbank-Größe (geschätzt). Im Jahre 2011 wurde die Marke von einer Milliarde Downloads erreicht. Wahnsinn!
Nahezu die ganze Welt ist digitalisiert und man kann fast alle Orte besuchen. Richtig genial ist nun die Kombination von Google Earth mit VR. Gerade Tokio ist sehr hochauflösend digitalisiert, das heißt, man kann Tokio von oben

Scan mich

Google Earth:
www.Mentale-Pruefungsvorbereitung.de

anschauen und dann immer weiter «ranzoomen», bis auf Street-View-Ebene, und durch die Metropole wandern. Wie weit ist das Hotel von der Wettkampfstätte entfernt? Wie sieht es vor Ort aus? Wo sind die Treffpunkte?
Kleiner Wermutstropfen: Für die VR-Anwendung von Google Earth werden zusätzlich die Oculus Touch Controller benötigt (Kostenpunkt: rund 149 Euro). Auf der anderen Seite ist das geniale VR-Erlebnis noch mal eine Stufe realistischer mit dieser Touch-Steuerung. Man hält in der linken und rechten Hand je einen Controller und durch eine Sensor-Erfassung werden diese als Deine Hände in das Bild integriert(!). Das heißt, wenn Du Deine Hände in Augenhöhe hältst, bewegen sich diese auch im Bild vor Deine Augen – das ist ehrlich gesagt der Hammer! Man hat dadurch wirklich das Gefühl, in dem Bild zu sein, anstatt es nur anzuschauen.

4. Entspannungstraining

Ein klassisches Thema aus dem Mentaltraining! In Kombination mit VR hat der Teilnehmer die Möglichkeit, den sinnlichen Eindruck intensiver zu erleben, beispielsweise bei der Fantasiereise «Ich liege am Strand und lausche den Wellen» eben tatsächlich so eine Strand-Szene zu sehen. Ich persönlich nutze die App «Deep Sea», wo man einen virtuellen Tauchgang erlebt (nicht die Szene mit dem Hai, dem Riesenkalmar oder dem Wal …! Sondern die entspannte Szene mit der friedlichen Meeresschildkröte). Diese Stille unter Wasser, die langsamen Bewegungen und das friedliche Vorbeiziehen der kleinen Fische löst sofort eine Entspannungsreaktion aus.

5. Flow-Training

Und schließlich kombiniere ich eine Ansicht vom Wettkampfort mit dem Flow-Training, das im Kapitel «Komm in den Flow» vorgestellt wurde. Der Athlet soll sich mental in seinen Wettkampf hineinversetzen und nun sein Flow-Skript auswendig vortragen. Ziel ist, eine Verbindung herzustellen zwischen diesem Flow-Feeling und dem anstehenden Wettkampf. Denn im Flow-Zustand ist die gezeigte Leistung am besten.
Dieses VR-Training habe ich auch schon mit Musikern im Rahmen der mentalen Auftrittsvorbereitung und mit Schauspielern für Castings durchgeführt.

Das Prinzip ist das gleiche: Ich besorge mir ein 360°-Foto vom Ort der Prüfung (z. B. ein Foto von der Bühne) und kann dann alle Themen angehen: Inhalte lernen, vertraut machen mit dem Prüfungsort, Handlungspläne durchspielen, Entspannung in der Stresssituation, Flow-Training. Stets mit direktem Bezug zur Prüfungssituation. Das sorgt dafür, dass alles, was zu Hause geübt wurde, dann auch in der tatsächlichen Prüfungssituation verfügbar ist.

Notiere Dir:

«Der Prüfungsort kam mir vertraut vor»:

trifft **gar nicht** zu — trifft **voll** zu

Erklärungen/Ursachen, *falls Du Dich gar nicht mit dem Prufungsort anfreunden konntest:*

....

....

Dein Erfolgsgeheimnis, *falls es sehr gut geklappt hat:*

....

....

Konsequenzen *für die nächste Prüfung:*

....

....

9.

Aus der **Prüfung lernen**

Vermutlich hast Du aktuell nur die gerade anstehende Prüfung vor Augen – und das ist auch gut so. Jedoch wirst Du in Deinem Leben noch hunderte Prüfungen haben. Offizielle Prüfungen wie Abschlussqualifikationen, aber auch generell alle nicht wiederholbaren Herausforderungen sind Prüfungen, z. B. der Erstkontakt mit einem Kunden, denn für den ersten Eindruck gibt es keine zweite Chance. Alle Einmaligkeitssituationen sind so etwas wie Prüfungen, bei denen Du gut sein kannst, wenn Du Dein Erfolgsgeheimnis kennst, – oder versagen kannst, wenn Du die mentalen Besonderheiten von Prüfungssituationen nicht berücksichtigst.
Der Meistertipp an Dich lautet daher: Nimm Dir nach der Prüfung fünf Minuten Zeit und reflektiere, was besonders gut gelaufen ist, was Dir geholfen hat, was Du in der Vorbereitung richtig gemacht hast und was weniger gut gelaufen ist. Was hat Dich gebremst oder blockiert und was kannst Du für Deine nächste Prüfungsvorbereitung besser machen?
Ziel ist es, eine **Prüfungskompetenz** aufzubauen, die Dir nachhaltig hilft, in Prüfungen Deine beste Leistung zu zeigen.
Und es geht hier auch ein Stück weit um die Haltung: «Entweder gewinne ich oder ich lerne – es gibt kein Versagen!» Diese Haltung löst mentale Stärke aus, was sich wiederum positiv auf Deine Prüfungsleistung auswirkt:

Sieger zweifeln nicht – Zweifler siegen nicht!

Ludger Beerbaum

Notiere Dir:

Leitfragen zur Nachbereitung meiner Prüfung:

Name der Prüfung: ....

Datum: ....

Art der Prüfung: *o schriftlich* *o mündlich* *o praktisch*

Erreichtes Ergebnis: ....

Analyse der Vorbereitung

Das lief ***besonders gut:***

....

....

....

Das war ***weniger hilfreich:***

....

....

....

Notiere Dir:

Analyse der Prüfung

Das war mein ***persönliches Highlight*** *in dieser Prüfung:*

....

....

....

Das lief ***nicht gut*** *in dieser Prüfung:*

....

....

....

Was lerne ich *aus dieser Prüfung für die Zukunft:*

....

....

....

Egal wie die Prüfung verlaufen ist, hol Dir ein **Feedback** vom Prüfer. Das ist sehr wertvoll für Deine weitere Entwicklung. Du brauchst ein externes Feedback, was Du gut und was Du weniger gut gemacht hast. Natürlich ohne dieses Feedback zu sehr auf die Goldwaage zu legen, denn auch Prüfer sind Menschen – und Menschen machen Fehler … Gutes, hilfreiches Feedback geben zu können ist eine Kompetenz, die nicht jeder Prüfer hat. Versuche dennoch, nach der Prüfung mit dem Prüfer kurz zu besprechen, was gut und was weniger gut lief.

Deine Haltung hier sollte geprägt sein von **Offenheit für Kritik.** Also: einfach mal die Klappe halten und zuhören, was Dein Prüfer Dir zu sagen hat! Hinterher kannst Du Dich natürlich auch gern darüber aufregen, wie inkompetent, unfair und willkürlich die Prüfung bewertet wurde … aber jetzt im Moment des Feedbacks reiß Dich zusammen und höre zu, was man Dir zu Deiner Leistung zurückmeldet.

Ist nicht immer einfach, ruhig zu bleiben, ich weiß. Auch ich habe schon diverse Prüfungskandidaten regelrecht zusammenbrechen sehen, nachdem wir ihre Prüfungsleistung als «Nicht bestanden» eingestuft hatten und ihnen das im Anschluss an die Prüfung sagen mussten. Das Problem dabei ist, dass man sich ja im zweiten Anlauf, in der Nachprüfung oder bei anderen Gelegenheiten wiedersieht. Du verbaust Dir durch fehlgeleitete Wut oder gar Aggressionen den zukünftigen Prüfungserfolg. Das hilft Dir nicht. Also kotze bitte im Moment des Feedbacks nur innerlich. Setz ein entspanntes Lächeln auf («die Maske»), verabschiede Dich freundlich und zieh mit etwas Abstand die richtigen Konsequenzen: Was kann ich tun, um es beim nächsten Mal besser zu machen?

Notiere Dir:

«Ich bin durch die Prüfung gewachsen»:

trifft **gar nicht** zu — trifft **voll** zu

Erklärungen/Ursachen, falls es keinen Lerneffekt durch die Prüfung gab:

....

....

Dein Erfolgsgeheimnis, falls Du sehr viel durch die Prüfung gelernt hast:

....

....

Konsequenzen für die nächste Prüfung:

....

....

10.

Prognosetraining

Eine weitere Mentaltechnik, die vielen Athleten hilft, ein starkes Selbstvertrauen aufzubauen, ist das Prognosetraining. Erfinder dieser Methode ist Professor Eberspächer. Zahlreiche Studien unter dem Stichwort «Kompetenzerwartung und Selbstwirksamkeit» belegen, dass es funktioniert.
Hier der Ablauf: Du gibst vor der Prüfung eine **Vorhersage** darüber ab, was Du vermutlich in der Prüfung für ein Ergebnis erzielen wirst. Mach das bitte schriftlich, nur dadurch wird es verbindlich. Hinterher schaust Du, ob Deine Prognose zutreffend war. Hast Du Dich überschätzt, unterschätzt oder konntest Du Das Prüfungsergebnis genau richtig abschätzen?

WAS SOLL DAS?

Du lernst dadurch von Prüfung zu Prüfung, Deine Leistung immer besser einzuschätzen. Du baust Dir sozusagen eine **Vorhersagekompetenz** auf. Und das ist die Grundlage für mentale Stärke: wenn Du weißt, was Du von Dir zu erwarten hast. Wenn Du realistisch einschätzen kannst, was Du draufhast. Dann gibt es keinen Grund, in der Prüfung nervös zu werden. Du weiß ja schon vorher, was hinterher dabei herauskommt, zumindest in einem gewissen Korridor.
Das muss natürlich ein paarmal trainiert werden. Und zwar bereits im Vorfeld Deiner Prüfung. Schiebe also einige Probeprüfungen ein, die Du mit diesem Prognosetraining kombinierst. Und passe Deine Vorhersagen immer weiter an das tatsächlich erreichte Ergebnis an.
Im Leistungssport kommen nicht nur einfache Varianten dieses Prognosetrainings zum Einsatz, wie z. B.: «Wie viele von zehn Aufschlägen landen im Feld?», «Wie hoch springst Du?», «Wie viele Elfmeter wirst Du als Torwart halten?» – sondern ein ganzer «Prognose- und Feedbackbogen». Möglicherweise ist das für Deine mentale Prüfungsvorbereitung zu viel Aufwand, aber wenn Dir diese Methode gefällt, versuche es doch einmal. Du lernst hierbei ja, die Zukunft vorauszusagen. Die berühmte «Kristallkugel» sozusagen – ich persönlich finde das faszinierend! Ein Fußballspieler, den ich betreut hatte, hat über die gesamte Saison vor jedem Spiel den Prognosebogen und nach

jedem Spiel den Feedbackbogen ausgefüllt. Sein Selbstvertrauen ist spürbar von Woche zu Woche gewachsen. Und damit auch seine Leistung.

Scan mich

Prognose- und Feedbackbogen zum Download:
www.Mentale-Pruefungsvorbereitung.de

Wie Du siehst, werden im Prognosebogen für Sportler sieben große Einflussfaktoren für die Leistung abgefragt: Kondition, Ernährung, Technik, Taktik, mentaler Bereich, Umfeld, Material. Der Sportler spürt kurz in sich hinein und gibt eine subjektive Schätzung von -10 bis +10 ab. Es geht darum, dass sich der Sportler seinen aktuellen Leistungsstand bewusst macht. Im Anschluss soll der Sportler aufgrund seines aktuellen Leistungsstandes eine Prognose abgeben, also das Ergebnis vorhersagen.
Zusätzlich soll er sich ein Leistungsziel setzen, das heißt, ein Ziel, das in jedem Fall erreicht werden kann, auch wenn er im Wettkampf vom Ergebnis her vollkommen versagt, z. B.: «Ich möchte mich bei diesem Wettkampf mit Musik aufwärmen», «Ich lächle bei jedem Fehler, den ich mache», «Ich rede im Wettkampf nur konstruktiv und unterstützend mit mir».

«Das Prognosetraining hilft Dir, ein starkes Selbstvertrauen aufzubauen. Weil Du weißt, was Du von Dir erwarten kannst, gibt es keinen Grund, in der Prüfung nervös zu werden.»

Dann folgt der Wettkampf – hier wird nicht mehr bewusst an die Prognose gedacht, sondern «einfach nur noch Tennis gespielt». Am Abend nach dem Wettkampf ist nun der Feedbackbogen dran, wo es zu dem gewünschten Lerneffekt kommt: Der Sportler trägt hier das tatsächlich erreichte Ergebnis ein und kann dieses mit seiner Prognose vergleichen und die richtigen Konsequenzen für den nächsten Wettkampf ziehen.
Je besser die Vorhersagen werden, umso selbstbewusster ist der Sportler im Wettkampf! Diesen Prognose- und Feedbackbogen gibt es in der vereinfachten Form auch für Kinder:

Scan mich

Prognose- und Feedbackbogen für **Kinder**
zum Download:
www.Mentale-Pruefungsvorbereitung.de

Für Deine Prüfungsvorbereitung empfehle ich Dir, so einen Prognose- und Feedbackbogen selbst anzulegen. Das ist kein Hexenwerk! Das folgende Beispiel zeigt, wie einfach das aussehen kann:

Prognosebogen

Prognosebogen: Abiturprüfung Mathe

Wie gut schätze ich meine aktuelle Leistung ein?

	-10	0	+10
Fitness	●	●	●
Ernährung	●	●	●
Fachwissen	●	●	●
Material (Taschenrechner, Stifte …)	●	●	●
Zeitmanagement	●	●	●
Mentale Stärke	●	●	●
Umfeld	●	●	●

Aufgrund meines Leistungsstandes ist folgendes ***Ergebnis*** *realistisch:* .... Punkte

Spezielles ***Leistungsziel*** *für diese Prüfung:* .... Punkte

(Das Leistungsziel ist das Ergebnis, das Du auf jeden Fall erreichen kannst, auch wenn es denkbar schlecht laufen sollte.)

Feedbackbogen

Feedbackbogen: Abiturprüfung Mathe

Wie ist es gelaufen?

	-10	0	+10
Fitness	●	●	●
Ernährung	●	●	●
Fachwissen	●	●	●
Material (Taschenrechner, Stifte …)	●	●	●
Zeitmanagement	●	●	●
Mentale Stärke	●	●	●
Umfeld	●	●	●

Tatsächlich ***erreichtes Ergebnis:*** …………… Punkte

Vorhergesagt *war:* …………… Punkte

Also:

○ *unterschätzt* ○ *überschätzt* ○ *genau richtig eingeschätzt*

Feedbackbogen

Feedbackbogen: Abiturprüfung Mathe

Erklärung:

....

....

....

....

....

....

***Leistungsziel** für diese Prüfung umgesetzt?*

○ *ja* ○ *nein*

Feedbackbogen

Feedbackbogen: Abiturprüfung Mathe

Meine ***fünf besten Aktionen*** *während der Prüfung:*

....

....

....

....

....

Erkenntnisse: *Das lerne ich aus dieser Prüfung für die nächste Prüfung:*

....

....

....

Scan mich

Prognose- und Feedbackbogen zum Download:
www.Mentale-Pruefungsvorbereitung.de

Setze den Prognose- und Feedbackbogen mindestens dreimal bei Probeprüfungen ein und dann gerne auch bei Deinen weiteren Prüfungen, also nicht nur für die gerade anstehende Prüfung, sondern für alle Prüfungen, die Du in Deinem Leben noch haben wirst. Es geht darum, sich eine Prüfungskompetenz anzueignen – das ist eine Lebensaufgabe!

Notiere Dir:

«Ich konnte meine Prüfungsleistung vorhersagen»:

trifft **gar nicht** zu — trifft **voll** zu

Erklärungen/Ursachen, *falls Du Dich stark unter- oder überschätzt hast:*

....

....

Dein Erfolgsgeheimnis, *falls Du Dich sehr genau einschätzen konntest:*

....

....

Konsequenzen *für die nächste Prüfung:*

....

....

«Mit dem Prognose- und Feedbackbogen lernst Du von Prüfung zu Prüfung, Deine Leistung immer besser einzuschätzen. Du baust Dir sozusagen eine Vorhersagekompetenz auf. Und das ist die Grundlage für mentale Stärke.»

11.

Lernen wie ein **Olympiasieger**

Ein Handbuch zur mentalen Prüfungsvorbereitung braucht natürlich auch ein Kapitel zum Thema «richtiges Lernen». Leider ist das Thema «Lernen» für viele eher negativ besetzt: Lernen ist Stress, macht keinen Spaß, kostet Zeit, man lernt Dinge, die man nach der Prüfung nie wieder braucht ...
Tja, so ist die Realität. Ohne Lernen kein Prüfungserfolg! Was kannst Du Dir von Olympiasiegern abschauen für Deine Prüfung? Olympiasieger lernen ja quasi berufsmäßig: Ihr Training ist wie Lernen! Ob nun die Doppelschraube im Wasserspringen beherrscht werden soll oder die Vokabeln für den Englisch-Test – es geht immer um das richtige Lernen. Bei Spitzensportlern und Olympiasiegern ist dieser Lernprozess mittlerweile stark perfektioniert, klar: Es geht im Einzelfall um Millionen! Laut Forbes-Liste verdiente Cristiano Ronaldo 2016 rund 93 Mio. Dollar, Roger Federer 64 Mio. Dollar, Sebastian Vettel 38,5 Mio. Dollar. Golf-Profi Martin Kaymar hat in seiner Karriere bereits 30 Mio. Dollar Preisgeld eingespielt. Leistungssport ist ein Wirtschaftsfaktor, jedoch bekommen nur diejenigen, die ihren Job am besten machen («die Prüfung mit Bestnote bestehen») die hohen Preisgelder.
Talent ist dabei nicht das Entscheidende! Ob Du Wimbledon gewinnst, in der Formel 1 fährst, in der Deutschen Fußballnationalmannschaft spielst oder bei Olympischen Spielen die Goldmedaille in die Kamera hältst, hängt vor allem davon ab, *wie gut* Du trainierst. Der Spruch «Übung macht den Meister» ist heute eindeutig *widerlegt!* **Nur gute Übung** macht den Meister. Champions trainieren nicht mehr als Durchschnittssportler, sie trainieren besser als Durchschnittssportler. Die Qualität des Trainings ist das Entscheidende.
Übertragen auf Deine Situation heißt das: Steigere die Qualität Deines Lernens! Lerne nicht mies gelaunt zwischen zwei Terminen, sondern wenn Du lernst, dann richtig! Steigere Dich richtig rein in das Lernen! Entweder ganz oder gar nicht – alles andere ist Zeitverschwendung!
Schauen wir uns einmal das Training eines Olympiasiegers genauer an. Dabei ist klar, dass es gar nicht darum geht, Dich zum Weltmeister zu machen. Es geht nur darum aufzuzeigen, wie man heutzutage das Training im Spitzensport angeht, um Höchstleistungen herauszukitzeln. Wenn Du Dir davon nur eine kleine Scheibe abschneidest und diese Taktik auf Deine Lernsituation überträgst, reicht das schon.

«Es geht nicht darum, Dich zum Weltmeister zu machen. Es geht nur darum aufzuzeigen, wie man das Training im Spitzensport angeht, um Höchstleistungen herauszukitzeln. Wenn Du Dir davon nur eine kleine Scheibe abschneidest und diese Taktik auf Deine Lernsituation überträgst, reicht das schon.»

DAS TRAINING EINES OLYMPIASIEGERS – DIE VIER GRÖSSTEN IRRTÜMER ...

Erster Irrtum: Ein Olympiasieger hat Talent, ihm fliegt alles zu.

Bei einigen wenigen stimmt das zwar, aber oft ist genau das Gegenteil richtig! Olympiasieger fallen im Kinder- und Jugendbereich selten durch Spitzenleistungen oder Talent auf. Michael Jordan, einer der besten Basketballspieler aller Zeiten, schaffte die Aufnahme in das Basketball-High-School-Team nicht. Boris Becker galt im Kindertennis als motorisch ungeschickt und unbeholfen und wurde dafür ausgelacht – später war er Nummer eins der Tennis-Weltrangliste ...
Gerade die scheinbar untalentierten Sportler haben das Zeug, es nach ganz oben zu schaffen, wenn sie dranbleiben und weitermachen, nach dem Motto «Euch zeig ich's noch, dass ich es doch drauf habe». Champions müssen sich ihre Leistung hart erarbeiten und sie halten durch, auch wenn es schlecht läuft. Das heißt also, wenn Du bisher Probleme mit einem bestimmten Fach hattest, bedeutet das noch lange nicht, dass Du für immer in diesem Fach schlecht bleibst. Was Du brauchst, ist dieser Ehrgeiz, anderen oder Dir selbst doch noch beweisen zu wollen, dass Du es drauf hast. Das ist eine starke Antriebskraft, die Höchstleistungen hervorbringen kann.

Zweiter Irrtum: Ein Olympiasieger kann im Wettkampf über sich hinauswachsen.

Falsch! Ich verrate Dir jetzt Insiderwissen: Auch ein Olympiasieger ist im Wettkampf nervös und oft schlechter als im Training. Studien belegen fünf

bis zehn Prozent Leistungseinbußen im Wettkampf, verglichen mit der Trainingsleistung. Was Champions jedoch anders machen ist: Sie akzeptieren diese Leistungseinbußen im Wettkampf, rechnen sogar damit, und bauen daher im Training eine so hohe Leistung auf, die auch noch mit gewissen Einbußen zum Sieg reicht.
Trainingsernst = Wettkampfspaß – das ist das entscheidende Motto!
Lerne härter in den Probeprüfungen zu Hause, als es für die Prüfung gefordert ist, dann kommt Dir die richtige Prüfung viel leichter vor.

Dritter Irrtum: Ein Olympiasieger kann Niederlagen leichter wegstecken.

O nein, ganz im Gegenteil! Champions ärgern sich richtig, richtig krass über ihre Fehler … Sie weinen, werden aggressiv, schreien ihre Wut heraus. Aber dann, ein paar Tage später, schaffen sie den Wechsel hin zu einer «Verantwortungsübernahme», nach dem Motto: Okay, dann muss ich mich jetzt im Training und im nächsten Wettkampf eben noch mehr anstrengen, damit mir so etwas nie, nie wieder passiert!
Das intensive Ärgern ist einfach nur ein Zeichen von hoher emotionaler Beteiligung. Wenn Du diese Energie in die richtigen Bahnen lenkst, entsteht daraus eine Motivation, die Dein Lernen auf ein völlig neues Level hebt.
Sätze wie «Okay, Schwamm drüber, nächstes Mal wird's besser» kannst Du daher nicht gebrauchen. Ärgere Dich über Deine letzte schlechte Prüfung, beschimpfe Dich, lass Deine Wut raus … und schalte dann um in diese Trotz-Haltung: Okay, das lass ich nicht auf mir sitzen! Euch zeig's ich noch! Wartet nur ab! Die nächste Prüfung kommt bestimmt! Meine Zeit wird kommen!

Vierter Irrtum: Ein Olympiasieger trainiert.

Das stimmt so nicht! Würde der Athlet einfach nur seinen Trainingsplan «abarbeiten», würde er niemals dieses tiefe Verständnis seiner Sportart erlangen

und Weltklasse erreichen. Olympiasieger trainieren nicht «einfach nur so». Sie steigern sich richtig rein in eine Trainingseinheit. Das Training ist ihnen geradezu heilig. Sie erleben den Flow-Zustand im Training. Ich kenne Triathleten, die so hart trainieren, dass sie beim Schwimmen an den Beckenrand schwimmen, sich übergeben, weil ihre Muskeln so übersäuert sind, und hinterher dazu sagen: «Mann, war das ein geiles Training heute»! Olympiasieger sind von ganzem Herzen Sportler. Sie leben ihren Traum. Daher ist es für den Champion auch egal, ob er trainiert oder im Wettkampf steht. Er genießt jeden Moment, egal ob Training oder Wettkampf. Der Wettkampf ist für ihn bestes Training und das Training ist für ihn die tägliche Prüfung. Ein Tennisspieler sagte mir einmal: «Bei einem Testspiel im Training gegen einen schwächeren Gegner gewinne ich immer 6:0, 6:0. Ich kann nicht ‹absichtlich› schlechter spielen: Ich gebe immer mein Bestes, auch wenn es nur Training ist.»
Egal wie «langweilig» der Stoff für Dich ist, werde neugierig! Mach freiwillig mehr, als Du musst. Steigere Dich richtig rein in das Thema! Mit dieser Begeisterung kommst Du auf ein viel höheres Level, als wenn Du einfach nur die Übungsaufgaben lieblos «abarbeiten» würdest. Das gilt sogar dann, wenn Deine Begeisterung nur gespielt ist. Tu einfach so, als wäre das Thema hochinteressant. Das hilft beim Lernen und auch in der Prüfung beim Erinnern.

«Champions müssen sich ihre Leistung hart erarbeiten und sie halten durch, auch wenn es schlecht läuft. Das heißt also, wenn Du bisher Probleme mit einem bestimmten Fach hattest, bedeutet das noch lange nicht, dass Du für immer in diesem Fach schlecht bleibst.»

QUICK-TIPPS FÜR GEHIRN-GERECHTES LERNEN

Ein paar Tricks aus der Sportwissenschaft und der Lernpsychologie, die Dir helfen, den Stoff schneller und stabiler zu verinnerlichen:

Mit einem misslungenen Versuch aufhören!

In alten Lehrbüchern ist noch zu lesen: «Immer mit einem gelungenen Versuch aufhören». Das mag sich zwar schön anfühlen, jedoch bringt es Dich nicht weiter! Denn der gelungene Versuch ist abgeschlossen und wird mental nicht weiter verarbeitet.
Effektiver ist es, mit einem **misslungenen** Versuch aufzuhören! Denn daran arbeitet Dein Unterbewusstsein noch stundenlang weiter, auch wenn Du bereits mit ganz anderen Tätigkeiten beschäftigt bist. Hintergrund ist der *Zeigarnik-Effekt,* auch *Cliffhanger-Effekt* genannt: Unerledigte Aufgaben bleiben viel länger im Gedächtnis. Nutze diesen Effekt, um Dein Lernen zu beschleunigen, und stell Dir zum Abschluss der heutigen Lernsession noch eine einzige Aufgabe unter Prüfungsbedingungen. Und wenn Du diese letzte Aufgabe nicht lösen kannst, dann ist es halt so. Akzeptiere es! Schau nicht die Lösung nach. So wie in der echten Prüfung.

«Es ist effektiv, mit einem misslungenen Versuch aufzuhören. Denn daran arbeitet Dein Unterbewusstsein noch stundenlang weiter, auch wenn Du bereits mit ganz anderen Tätigkeiten beschäftigt bist.»

Suche den Stress: Lernen in Bewegung!

Anstatt in Ruhe, am Schreibtisch oder sogar im Bett zu lernen, lerne in Bewegung. Zum Beispiel im Hochseilgarten, beim Schwimmen, in der U-Bahn im Stehen, beim Joggen, im Zoo, beim Jonglieren.
Der Hintergrund ist, dass das Gehirn unter Aktivierung tatsächlich intensiver arbeitet. Ein bisschen Stress hilft, die Lerninhalte besser zu verinnerlichen. Die alte Meinung, dass man am besten ungestört und in einem ganz entspannten Zustand lernt, ist heute überholt. In einigen Klassen wird bereits der Unterricht auf Fahrrad-Ergometern durchgeführt – das ist genau die praktische Umsetzung dieses Effektes «Aktivierung durch Belastung». Auch wenn es absurd klingen mag, trau Dich, Dich während des Lernens zu stressen. Das hat erwiesenermaßen positive Effekte.

Schreib einen Spickzettel!

Einige Lehrer empfehlen das sogar ihren Schülern als Methode! Natürlich nicht zum Schummeln während der Prüfung ... Der Spickzettel hilft, die Inhalte kompakt auf kleinstem Raum zusammenzufassen. Wenn Du den Zettel während der Prüfung in der Hosentasche dabeihast, ist das auch eine Art Erinnerungshilfe.

Lerne mit Emotionen!

Ein Kind fasst auf eine heiße Herdplatte. In der Folge wird es nie wieder auf eine heiße Herdplatte fassen. Ein einziger Lerndurchgang war ausreichend und der Inhalt «nicht auf eine heiße Herdplatte fassen» ist für den Rest des Lebens stabil abgespeichert.
Die Emotion «Schmerz» hat die Lerngeschwindigkeit massiv beschleunigt.
Übertragen auf Deine Lernsituation bedeutet das: Bring Emotionen in Dein Lernen! Spaß und Freude wirken hier als Turbo. ***Brains run on fun*** – sorge dafür, dass Du Spaß hast beim Lernen. Ist nicht immer einfach, ich weiß, aber

nur so beschleunigst Du den Lernprozess und stellst sicher, dass die Inhalte besser abgespeichert werden.
Notfalls tu zumindest so, als hättest Du Spaß. Das ist immer noch besser als gleichgültig, monoton oder ohne emotionale Beteiligung die Lerneinheiten «abzuarbeiten».
Vielleicht macht es Dir Spaß, eine Mind-Map zu erstellen? Google mal «Mind-Maps» – das sind diese bunten Bilder, die Dein Thema strukturieren mit Verweisen und Querverbindungen. Oder magst Du mit Apps arbeiten? Es gibt inzwischen über 50.000 Lern-Apps, z. B. «Anki» (recht teuer, aber dafür auch sehr gut) oder «Kartenheld», eine Karteikarten-App. Egal was, bring Spaß in Dein Lernen!

Besorg Dir die Prüfungsordnung!

Was sind eigentlich die Bewertungskriterien Deiner Prüfung? Was muss beherrscht werden, um zu bestehen? Lerne nicht einfach nur das Thema, sondern hab auch die Prüfungsordnung im Hinterkopf: Wie kommen die Prüfer auf ihr Urteil? Was wird verlangt? Es hilft Dir beim Lernen, diese Erfolgskriterien schon vorher zu wissen.
Ich weiß, Lehrer werden jetzt den Kopf schütteln: Man lernt doch fürs Leben und nicht für die Prüfung!
Ja, ja, alles richtig, aber mir geht es in dieser Arbeit darum, dass die Prüfung mit Bestnote bestanden wird. Anschließend können wir ja gern – befreit vom Prüfungsdruck – fürs Leben lernen.

Lerne im Prüfungsoutfit!

Klingt komisch, ist aber so: Dein Gehirn kann die Lerninhalte besser abrufen, wenn Du das gleiche Outfit in der Prüfung trägst, das Du beim Lernen anhattest. Überlege Dir ein passendes Outfit für Deine Prüfung: Bei einer IHK-Prüfung natürlich im Business-Outfit, zu einer mündlichen Abiturprüfung entsprechend

seriös gekleidet – nicht übertreiben, aber durchaus für den Prüfer klar erkennbar, dass Du die Prüfung ernst nimmst. «Kleider machen Leute» stimmt tatsächlich! Und, viel wichtiger, der Lernstoff wird beim Lernen mit Deinem speziellen Prüfungsoutfit verbunden, so dass es Dir leichter fällt, das Gelernte in der Prüfung abzurufen.
Der «Wohlfühl»-Faktor ist dabei nicht zu unterschätzen: Es sollte ein passendes Prüfungsoutfit sein, klar, aber Du solltest Dich bei aller Ernsthaftigkeit immer noch in Deinem Outfit wohlfühlen. Der Schuss wird sogar nach hinten losgehen, wenn Du wie «verkleidet» rüberkommst. Gib Dir hierbei bitte Mühe! Wenn Du es auf die Spitze treiben möchtest, gönn Dir eine Stilberatung, um das perfekte Prüfungsoutfit zu finden. In diesem speziellen Prüfungsoutfit wird dann gelernt.

Gib selbst Nachhilfe!

Ich habe während meines Studiums selbst fünf Jahre lang Nachhilfe gegeben und kann Dir bestätigen: Wenn man ein Thema aus der Lehrer-Perspektive vermittelt, lernt man auch selbst sehr viel dabei! Tausche die Rollen und werde vom Schüler zum Lehrer. Dadurch beschleunigst Du massiv Deine Lernkurve. Im Sport setze ich diesen Rollentausch regelmäßig ein, nach dem Motto: «Erklär Du mir, worauf es in Deinem Sport ankommt!». Dadurch, dass der Sportler mir das erklären muss, macht er es sich gleichzeitig selbst klar. Genial!

LERNGEWOHNHEITEN BILDEN: ERFOLGSMONITORING

Das Geheimnis von Olympiasiegern ist, dass sie sich Erfolgsgewohnheiten zulegen, also tägliche Aktionen, um voranzukommen. So etwas brauchst Du auch: Anstatt in einer Nachtschicht am Tag vor der Prüfung den kompletten Stoff in Dich reinpauken zu wollen (was tun wir uns eigentlich an …), **installiere tägliche Lern-Routinen,** so dass das regelmäßige Lernen für die Prüfung für Dich zur Gewohnheit wird.

Wir wollen natürlich realistisch bleiben: Jeder weiß ja, dass er eigentlich täglich etwas für seine Prüfung tun müsste, aber wir sind alle Weltmeister im Aufschieben. Um diese Blockaden zu sprengen, gibt es eine Methode, die ich persönlich für extrem mächtig halte, auch über die anstehende Prüfung hinaus. Geradezu lebensverändernd! Es geht um das Erfolgsmonitoring.

Das Erfolgsmonitoring geht so: Du legst Dir ein **Erfolgstagebuch** an, in das Du jeden Abend kurz und knapp einträgst, was Du heute gemacht hast, um Deinem Prüfungserfolg einen Schritt näher zu kommen: Was war heute der Fortschritt des Tages? Daran anschließend stellst Du Dir die Frage des Tages. Trag auch diese Frage in Dein Erfolgstagebuch ein. Das war‘s schon!

Das war’s schon? Ja, genau! Der Effekt ist folgender: Wenn Du jeden Tag einen Fortschritt in das Erfolgstagebuch einträgst, siehst Du nach einer Woche be-

reits sieben Fortschritte. Das motiviert enorm, denn Du bekommst das Gefühl: «Hey, es geht voran!». Auch wenn es nur ein kleiner Fortschritt ist! Der Fokus wird auf die Fortschritte gelenkt, anstatt darüber zu klagen, wie schwer und schlimm doch alles immer ist ... Nach zwei Wochen hast Du bereits 14 Fortschritte eingetragen, genau das motiviert zum Dranbleiben. Der Psychologe sagt: Es entsteht Handlungsoptimismus. Dein Lernaufwand bringt etwas, wie Du siehst. Prima! Weiter so! Es entsteht Selbstvertrauen! Und plötzlich macht es «klick» und Du bleibst automatisch dran beim täglichen Lernen. Du willst lernen. Lernen macht Dir plötzlich Spaß. Diese Methode hat etwas Magisches.
Die offene Frage hat einen weiteren Effekt: Wir wollen unsere offenen Fragen gern beantwortet wissen. Wenn Du Dir also gute, offene Fragen stellst, arbeitet Dein Unterbewusstsein weiter für Dich. Man macht den Eintrag in das Erfolgstagebuch ja abends, das heißt, ab und zu wachst Du sogar mit der Antwort am Morgen auf!

Beispiele für gute offene Fragen sind:

Wie berechnet man die Wendepunkte einer ganzrationalen Funktion 3. Grades?
Wie kann ich ruhiger werden in mündlichen Prüfungen?
Wie kann ich meine Motivation für das Lernen steigern?
Wie erreiche ich eine Bestnote?

Datum: ....

Fortschritt des Tages:

....

....

Frage des Tages: ....

Anschließend sprichst Du Deinen Eintrag, also den Fortschritt des Tages und die Frage des Tages kurz in die Kamera (maximal 30 Sekunden). Das ist übrigens hinterher auch eine schöne Erinnerung: Wie war die anstrengende Lernzeit? Wie bist Du mit Schwierigkeiten umgegangen? Was waren die Highlights?

Dadurch dass Du Deinen Eintrag in die Kamera sprichst (das klassische Videotagebuch), wirst Du ein Stück weit zu Deinem eigenen Coach. Diese «Moderator-Perspektive» fördert Deine Fähigkeit zu reflektieren enorm («Hilfe zur Selbsthilfe»).

Ich kann hier noch nicht einmal ansatzweise darstellen, wie mächtig diese Methode ist. Seit über 20 Jahren setze ich das Erfolgsmonitoring im Rahmen der mentalen Wettkampfvorbereitung mit meinen Athleten ein. Die Effekte sind einfach nur krass! Zitat eines Profi-Sportlers: «Man geht den Tag viel motivierter an, weil man ja abends etwas Spannendes in die Kamera sprechen möchte.»

Im Rahmen der Vorbereitung auf die Olympischen Spiele in Peking 2008 habe ich das mit vier Athleten gemacht und die Sportler mussten ihre Statements sogar auf YouTube veröffentlichen. Der Effekt war sensationell: Man stellt seine Entwicklung in den Fokus – und holt so das Beste aus jedem einzelnen Tag heraus. Damit ist die eigene Entwicklungsgeschwindigkeit maximal und das Ergebnis wird mit dieser Leistung das beste, was möglich ist.

Das Erfolgsmonitoring kann Dein Leben verändern. Bitte gib dieser Methode eine Chance und probiere sie einmal aus. Ich spreche zwar immer vom Methoden-Buffet und wenn Dir eine Methode nicht gefällt, dann nimm halt eine andere … aber von der Wirkung her muss ich ganz klar sagen: Das Erfolgsmonitoring sollte nicht zu schnell verworfen werden. Ich habe selbst schon erlebt, wie Menschen ihr komplettes Leben aufgeräumt und völlig umgekrempelt haben, einfach nur dadurch, dass sie abends zwei Minuten lang beim Erfolgsmonitoring den Tag reflektiert haben.

Die Haltung, die Du beim Erfolgsmonitoring einnimmst, kann man so beschreiben:

«Morgen besser sein
als heute»

«Jeden Tag ein bisschen
besser»

«Beat your log - Schlag
Dein Trainingstagebuch»

«Beat yesterday – Sei heute
besser als gestern»

«Win this day –
Gewinne diesen Tag»

«Jeder Tag zählt»

Das Erfolgsmonitoring ist ressourcenorientiert, das heißt, Du vergleichst Dich nicht mit anderen, sondern bist Deine eigene Referenz («Beat YOUR Log» – Schlag DEIN Trainingstagebuch). Der Effekt auf Deinen Drive ist sensationell. Letztlich geht es beim Erfolgsmonitoring einfach darum, die täglichen Fortschritte bewusst zu machen und diese zu zelebrieren. Das gibt Energie, denn Fortschritte motivieren unglaublich stark! Vielleicht kennst Du den Ausdruck **«das innere Spiel spielen»?** Damit ist gemeint, dass man ergebnisunabhängig einfach sein Bestes geben sollte, um Erfolg zu haben, also auf die Faktoren zu fokussieren, die Du selbst beeinflussen kannst, z. B. Deine Ernährung, Deine Fitness, Deine Ausstrahlung – dann kommt das Ergebnis von ganz allein! Das Erfolgsmonitoring lenkt durch die täglichen Einträge in das Erfolgstagebuch Deinen Fokus auf das innere Spiel. Wenn Du danach lebst, ist der Erfolg unausweichlich! Sorry, falls das alles jetzt etwas zu euphorisch rüberkommt – ich meine es einfach nur ernst und weiß auch, dass das Erfolgsmonitoring ja im Grunde ganz einfach ist. Man glaubt es vielleicht nicht, dass so eine einfache Methode so **Life-changing** sein kann. Probiere es bitte aus. Ich wette, Du wirst begeistert sein!

«Das Erfolgsmonitoring lenkt durch die täglichen Einträge in das Erfolgstagebuch Deinen Fokus auf das innere Spiel. Wenn Du danach lebst, ist der Erfolg unausweichlich!»

Gefahren des Erfolgsmonitorings

Bei all den positiven Effekten, die das Erfolgsmonitoring hat, gibt es auch vier Gefahren, die Du bitte im Blick hast:

1. Einschlafschwierigkeiten

Das Erfolgsmonitoring wird ja abends direkt vor dem Einschlafen gemacht und schließt mit der «Frage des Tages» ab. Viele berichten, dass sie anschließend über diese offene Frage weiter grübeln mussten und lange nicht einschlafen konnten.
Lösung: Das ist normal! Du musst Dich erst daran gewöhnen, mit einer offenen Frage zu leben. Falls die Einschlafschwierigkeiten auch nach einer Woche noch vorhanden sind, klappe noch deutlicher Dein Erfolgstagebuch nach dem Eintrag und der Videoaufnahme zu und lege es bewusst weg. Kombiniere dieses Zuklappen am Ende mit der **Gedankenstopp-Technik:** Stell Dir ein Stoppschild vor, beende damit das Grübeln und richte Deine Gedanken auf ein ganz anderes Thema, das Dich entspannt. Hilft das auch nicht, versuche die «klassische» warme Dusche als Einschlafhilfe, ein Hörspiel oder eine geführte Entspannung. Wenn das alles immer noch nicht hilft, mach das Erfolgsmonitoring um 18 Uhr, also zeitlich etwas entfernt vor dem Schlafengehen.

2. Überhastete Entscheidungen

Das Erfolgsmonitoring beschleunigt Deine Entwicklung – soll ja! Aber genau das ist die Gefahr, denn Du kommst so vielleicht über Nacht auf die Idee, Deinen Job zu kündigen, die Schule abzubrechen, Dich von Deinem Partner zu trennen usw. – habe ich alles schon erlebt …! Versteh mich nicht falsch: Ich habe nichts gegen große Entscheidungen. Aber gerade diese lebensverändernden Entscheidungen sollten noch zwei, drei Schritte weitergedacht werden. Spiel einfach die Szenarien (Best Case, Worst Case) mit entsprechenden Lösungsansätzen durch, bevor Du Maßnahmen ergreifst. Entscheidungen zu treffen ist gut. Bauchentscheidungen zu treffen, spontan, ist auch viel häufiger richtig, als rationale Menschen das gern hätten. Aber blauäugige Entscheidungen zu treffen, ohne die Konsequenzen durchgespielt zu haben, ist schlecht!

Lösung: Mach das Erfolgsmonitoring nicht alleine, sondern zusammen mit einem Freund, und vereinbart, dass Ihr Euch gegenseitig kontaktiert, wenn große Entscheidungen aufpoppen («Ich bin heute früh aufgewacht und mir war klar, dass ich sofort hier ausziehen muss!»). Also erst mal das Szenario durchspielen: Wie soll es dann weitergehen? Nichts gegen große, lebensverändernde Entscheidungen, nur halt bitte noch zwei Schritte weiter denken ... Früher habe ich sogar gesagt, dass das Erfolgsmonitoring aufgrund dieser Gefahr ausschließlich in professionelle Hände gehört und nur im Rahmen eines Coachings bei einem Profi zum Einsatz kommen darf. Doch seien wir ehrlich: Die Methode «an sich» ist ja recht simpel, so dass sie Interessierte auch ohne Termin bei einem Coach ausprobieren werden. Umso wichtiger, dass Du die Gefahren des Erfolgsmonitorings kennst und ernst nimmst. Ich spreche (leider) aus Erfahrung ...

3. Übertraining

Da aus meiner Sphäre als Sportwissenschaftler sicher viele Athleten dieses Handbuch hier lesen werden, ein wichtiger Hinweis: Das Erfolgsmonitoring steigert den gezeigten Einsatz (soll ja!), aber wer sich nun nicht auch besser erholt, rutscht leicht ins Übertraining. Die Motivation, die durch das Erfolgsmonitoring ausgelöst wird, kann so krass sein, dass Du das Grundprinzip des Leistungsaufbaus vergisst: **Zuwächse gibt es nur in der Erholungsphase nach einem Training!** Achte bitte auf ausreichende Erholung, vor allem wenn Dir das Erfolgsmonitoring gefällt und Du spürst, wie Du den Tag nun viel motivierter angehst als vorher.

Ein Athlet hatte sich nach 14 Tagen die folgende offene Frage gestellt, die diese Gefahr des Übertrainings sehr schön verdeutlicht: «Wie schaffe ich es, mehr zu machen, als mein Trainer vorgibt?»

Das gilt übrigens auch für die mentale Erholung! Durch das Erfolgsmonitoring wirst Du tagsüber viel aktiver neue Informationen suchen. Diese müssen natürlich auch erst mal verdaut werden. Mentale Reizüberflutung kann viel mehr auslaugen als körperliches Training!

Lösung: Kombiniere das Erfolgsmonitoring mit einer Verbesserung Deiner Erholung, z. B. indem Du ein regelmäßiges Entspannungstraining beginnst und an Deiner Schlafqualität arbeitest (wer besser schläft, ist automatisch besser erholt). Werde ein Meister der Erholung! Erhol Dich besser als Deine Konkurrenten! Als Einstieg in die Welt des **Regenerationsmanagements** empfehle ich auf der Mentale-Prüfungsvorbereitungs-Site einige Meditations-Apps und Entspannungsmethoden: *www.Mentale-Pruefungsvorbereitung.de*

4. Selbstverliebtheit

Du sprichst Deinen Eintrag in das Erfolgsmonitoring-Heft ja anschließend noch kurz in die Videokamera. Man macht das Erfolgsmonitoring jeden Tag, so dass Du nach vier, fünf, sechs Wochen immer selbstsicherer vor der Kamera wirst. Eine mögliche Gefahr ist jetzt (gerade wenn Du Dein Statement auf YouTube öffentlich stellst), nicht mehr auf die eigene Entwicklung zu fokussieren (Was war der Fortschritt des Tages? Was ist die Frage des Tages?), sondern Statements «für Deine Fans» abzugeben und vor der Kamera mehr

und mehr zum Entertainer zu werden. Begeisterung für die Methode und ein Zelebrieren Deiner neuen Motivation ist okay. Das Erfolgsmonitoring zu einer «Show» werden zu lassen, ist kontraproduktiv und untergräbt den Erfolg der Methode!

Lösung: Halte Dich an die formalen Rahmenrichtlinien des Erfolgsmonitorings, also maximal 30 Sekunden für Dein Videostatement. Eher «nüchtern» einfach den Fortschritt des Tages sprechen und daran anschließend die Frage des Tages stellen. Mehr nicht! Wenn Deine Statements in Richtung eine Minute dauern oder gar länger als eine Minute sind, machst Du etwas falsch.

Ein Warnhinweis zum Thema «öffentliches Erfolgsmonitoring» auf YouTube: Achte darauf, keine Interna in die Kamera zu sprechen (insbesondere kritisch, wenn Mitarbeiter eines Unternehmens ein Projekt mit dem Erfolgsmonitoring begleiten – Mitbewerber und Konkurrenten sehen Deine Einträge eben auch) und keine Namen von Personen zu nennen (Persönlichkeitsrecht). Klar. Wenn ich in meinen Kursen diese Methode vorstelle, gibt es gerade bei Eltern, Trainern im Kinder- und Jugendbereich und Teilnehmern, die ohne Smartphone aufgewachsen sind, immer große Skepsis, was die Veröffentlichung der Videoaufnahmen im Internet angeht, die bis zur kompletten Ablehnung der Methode reicht. Das ist schade, denn der Effekt eines öffentlich durchgeführten Erfolgsmonitorings ist viel größer als bei einem «heimlichen» Erfolgsmonitoring, das Du nur im Stillen für Dich machst. Die Sorge, dass «etwas Schlimmes» mit der Veröffentlichung passiert, kann ich verstehen – aber es gibt natürlich auch Lösungen oder besser gesagt «Abstufungen» des Erfolgsmonitorings: Bevor Du aus Angst vor möglichen negativen Konsequenzen komplett auf das Erfolgsmonitoring verzichtest, probiere es doch erst mal mit folgenden «sanfteren» Varianten:

Deaktiviere die Kommentar-Funktion

Wenn Deine Befürchtungen um das Thema Hass-Kommentare kreisen, schalte einfach die Kommentar-Funktion bei YouTube aus. Du bekommst zwar nun auch keine unterstützenden Kommentare mehr, aber eben auch keine negativen Kommentare, was für sensible Menschen oder für Kinder/Jugendliche eine schonendere Variante wäre.

Nur «wohlgesonnene» Zuschauer einladen

Es gibt die Möglichkeit, Videos auf YouTube «nicht gelistet» zu schalten, das heißt nur diejenigen, die den Link zu Deinem Video kennen, können das Video schauen. Das ist eine praktische Möglichkeit, um etwas mehr Privatsphäre herzustellen und trotzdem einen gewissen Hawthorne-Effekt zu haben (Hawthorne-Effekt: Unter Beobachtung ist der gezeigte Einsatz höher. Mit ein Grund, warum das Erfolgsmonitoring funktioniert, denn Du stellst hier ja Deine Entwicklung unter Beobachtung).

Kommentarfunktion ausgeschaltet und nur wohlgesonnene Zuschauer

Die Kombination der beiden genannten Strategien entschärft das Erfolgsmonitoring noch weiter.

Videos zunächst nur offline sammeln und erst später veröffentlichen

Die nächste Abstufung wäre, einfach nur die Videostatements nach dem Eintrag aufzunehmen, sie jedoch nicht sofort zu veröffentlichen, sondern sie nur zu sammeln, in dem Bewusstseln, dass sie ggf. nach Abschluss des Projektes veröffentlicht werden. Das ist besser als gar keine Videoaufnahmen und fokussiert Dich dennoch, weil Du die Videos in dem Bewusstsein aufnimmst, dass sie «eventuell später» veröffentlicht werden, und gibt Dir gleichzeitig die Chance, Erfahrungen mit der Methode zu sammeln.

Auswertung: Was macht man mit den ganzen offenen Fragen?

Beim Erfolgsmonitoring trägst Du jeden Tag Deinen «Fortschritt des Tages» ein und stellst Dir anschließend die «Frage des Tages». Mit diesen offenen Fragen kannst Du alle sechs Wochen arbeiten und diese auswerten. Nimm Dir hierfür etwa 30 Minuten Zeit und blättere noch einmal zurück. Welche Fragen hast Du Dir gestellt und sind diese heute beantwortet? Du vergibst Punkte:

0 Punkte = Die damals offene Frage ist heute immer noch offen.
1 Punkt = Die damals offene Frage ist heute immer noch offen, aber ich bin der Lösung einen Schritt näher gekommen.
2 Punkte = Die damals offene Frage ist heute beantwortet.

Addiere nun Deine Punkte und teile sie durch 84. Warum durch 84? Ganz einfach: Nach sechs Wochen wären theoretisch 6 Wochen x 7 Tage = 42 Fragen möglich und wenn diese 42 Fragen heute alle vollständig beantwortet wären, hättest Du 42 x 2 Punkte = 84 Punkte erreicht.
Du teilst also Deine tatsächlich erreichte Punktzahl durch die maximal mögliche Punktzahl und erhältst somit einen komprimierten Wert für Deine Entwicklungsgeschwindigkeit.

Beispiel:

Nach sechs Wochen hast Du vielleicht 30 Fragen gesammelt. (Warum nicht 42 Fragen? Naja, so sind Menschen … ein paarmal hast Du das Erfolgsmonitoring vergessen und am Anfang ist Dir keine Frage eingefallen.)

Von diesen 30 offenen Fragen sind heute zehn immer noch offen, 15 sind teilweise beantwortet und fünf Fragen sind heute vollständig beantwortet. Damit kommst Du auf:

10 x 0 Punkte = 0 Punkte,
15 x 1 Punkt = 15 Punkte,
5 x 2 Punkte = 10 Punkte

= macht in Summe 25 Punkte.

Deine Entwicklungsgeschwindigkeit für diesen Sechs-Wochen-Zeitraum beträgt:

$$\frac{25}{84} = 0{,}298 \quad \text{(das sind 29,8 Prozent)}$$

Ist eine Entwicklungsgeschwindigkeit von 29,8 Prozent gut?

Meine Erfahrungen aus mehr als 20 Jahren Erfolgsmonitoring (ich mache das seit 1994 – damals noch ohne Video) kann ich so zusammenfassen: Diese Methode gelingt umso besser, je mehr sie **personenzentriert** durchgeführt wird, auf Deutsch: Lass den Menschen, der das Erfolgsmonitoring macht, so wie er eben ist, ohne ihn mit irgendwelchen «Normwerten» zu vergleichen. Allein durch dieses **Bewusstmachen der Entwicklungsgeschwindigkeit** versteht der Teilnehmer bereits, dass er sich selbst durch aktive Lösungssuche voranbringen kann. Die Fortschritte, die der Teilnehmer von Sechs-Wochen-Abschnitt zu Sechs-Wochen-Abschnitt macht und durch diese Prozentzahl komprimiert vor Augen geführt bekommt, motivieren bereits, sein Bestes zu geben. Dadurch kommen Spaß, Freude, Begeisterung, Motivation, Einsatz usw. automatisch – es sind die Fortschritte, die motivieren, nicht die Ergebnisse.

Das Kriterium, ob eine Prozentzahl gut ist oder nicht, sollte also sein: Ist Deine Entwicklungsgeschwindigkeit in diesem aktuellen Sechs-Wochen-Abschnitt **größer als im vorherigen?** Wenn Du im ersten Sechs-Wochen-Abschnitt eine Entwicklungsgeschwindigkeit von zehn Prozent hattest und nun auf 29,8 Prozent kommst, ist das sensationell! Eine Verdreifachung! Wow, klasse!

Maximal möglich sind 100 Prozent (42 Fragen gestellt, die heute alle vollständig beantwortet sind: 84 Punkte : 84 Punkte = 1 → 100 Prozent Entwicklungsgeschwindigkeit), minimal möglich sind 0 Prozent (keine Frage ist heute beantwortet, noch nicht einmal teilweise: 0 Punkte : 84 Punkte = 0 → 0 Prozent Entwicklungsgeschwindigkeit). Irgendwo zwischen 0 Prozent und 100 Prozent bist Du.

Mach bitte nicht den Fehler, Dir für die kommenden sechs Wochen nur noch oberflächliche Fragen zu stellen, die Du ganz einfach beantworten kannst. Behalte die Qualität Deiner offenen Fragen bei, begib Dich jedoch **noch aktiver auf Lösungssuche.**

Eine simple Art, seine Entwicklungsgeschwindigkeit zu steigern, ist, einfach mehr Einträge zu haben, bestenfalls tatsächlich jeden Abend (dauert ja nur zwei Minuten, wenn man sich an die Routine gewöhnt hat). Die Anzahl der Einträge sollte nicht als «Controlling-Instrument» missbraucht werden. Die **Selbst**erkenntnis, wie Erfolg geht, gepaart mit der intrinsischen Motivation, seine eigene Entwicklung aktiv voranbringen zu wollen, ist das Erfolgsgeheimnis. Eine «Erfolgsmonitoring-Pflicht» kann allenfalls für die erste Woche sinnvoll sein, um Dich an die tägliche Routine zu gewöhnen. Danach muss der Funke überspringen und Du hast entweder Lust bekommen auf diese

Methode und merkst, wie sie Dir hilft, – oder Du ersparst Dir den ganzen Aufwand und versuchst etwas anderes.

Praktische Tipps zum Erfolgsmonitoring

Solltest Du auch im Urlaub Dein Erfolgstagebuch führen? Ein ganz klares JA! Gerade wenn Du nach einer intensiven Arbeitsphase Abstand gewinnst, können bahnbrechende Erkenntnisse auftauchen. Die örtliche Veränderung gepaart mit diesem speziellen «Urlaubsgefühl» sind für Dein Gehirn ein regelrechter Nährboden für Kreativität und Innovation! Fördere das Auftreten von Geistesblitzen, indem Du auch im Urlaub (gerade im Urlaub!) das Erfolgsmonitoring durchführst.

Hast Du eine Prüfung mit dem Erfolgsmonitoring abgeschlossen, dann ist es ein schöner Abschluss, die Highlights und emotionalsten Momente zusammenzuschneiden. Gab es Phasen, wo Du richtig im Flow warst? Wo alles scheinbar mühelos lief? Wie sahen in dieser Phase Deine Statements aus und welche Fragen hast Du Dir gestellt? Und was waren die größten Schwierigkeiten? Was für «Fortschritte des Tages» hattest Du in den schwierigsten Abschnitten? Man kann hier so viel herausziehen für die eigene Entwicklung …

Auf MTV läuft die Sendung **Made,** die auch das Erfolgsmonitoring als methodische Grundlage hat.

Junge Menschen dokumentieren in ihrem Videotagebuch, was sie Tag für Tag tun, um ihre Prüfungen zu bestehen. Mal klappt es, mal nicht. Der Punkt ist: Das Erfolgsmonitoring maximiert ihre Entwicklungsgeschwindigkeit, das heißt, das Ergebnis am Ende wird das beste, was möglich war. Inzwischen sind zwölf Staffeln mit über 300 Folgen abgedreht.

Notiere Dir:

«Ich habe mein Lernen auf ein neues Level gehoben»:

trifft **gar nicht** zu — trifft **voll** zu

Erklärungen/Ursachen, *falls Du Lernschwierigkeiten hattest:*

....

....

Dein Erfolgsgeheimnis, *falls Du sehr gut für die Prüfung lernen konntest:*

....

....

Konsequenzen *für die nächste Prüfung:*

....

....

12.

Mental stark bleiben in der Prüfung **mit mentalem Training**

Im Spitzensport arbeiten wir erfolgreich mit dem mentalen Training. Dieses **Kino im Kopf** hat erwiesenermaßen positive Effekte, wir hatten das bereits im Kapitel über die Szenario-Technik behandelt. Wie kann Dir mentales Training direkt in der Prüfung helfen?
Ganz einfach: Egal welche Prüfung Du zu absolvieren hast, es gibt bei jeder Prüfung ganz bestimmte **Knotenpunkte,** die jeder Prüfungskandidat absolvieren muss, egal was jetzt konkret inhaltlich gefragt wird.

Zum Beispiel eine mündliche IHK-Prüfung (Präsentation):

1. Warten im Nebenraum
2. Aufruf zur Prüfung
3. Betreten des Prüfungsraumes
4. Begrüßen der Prüfungskommission
5. Technik-Check: Ist meine Präsentation auf dem Laptop offen?
6. Warten auf offiziellen Beginn der Prüfung durch die Prüfer
7. Beginn der Präsentation, Zeitnahme
8. Freundliche Präsentation, offen, den Prüfern zugewandt, die Zeit im Blick haben
9. Die letzte Folie auswendig vortragen (nicht ablesen)
10. Ende
11. Nachfragen der Prüfer beantworten
12. Bedanken und den Raum verlassen

Diese Knotenpunkte gelten für jede mündliche IHK-Prüfung, das heißt, Du kannst Dir Ruhe, Sicherheit, Ausstrahlung darüber holen, wenn Du diese Eckpunkte verinnerlichst. Wie eine Art mentale Landkarte, die Du Schritt für Schritt abfährst. Überlege Dir, wie Deine Prüfung aussieht, schreibe die sechs bis 14 Knotenpunkte auf, lerne sie auswendig – und Du wirst deutlich ruhiger in der Prüfung bleiben.

Ein weiteres Beispiel: Deutsch-Aufsatz

1. Fragestellung genau durchlesen
2. Einleitung schreiben
3. Kontra-Argumente
4. Wendepunkt
5. Pro-Argumente
6. Zusammenfassung (Synthese)
7. Schluss
8. Rechtschreibkorrektur
9. Abgabe

Hier sind die Knotenpunkte etwas fachlicher formuliert. Auch das hilft enorm, in der Prüfung klarer zu handeln. Noch detaillierter sollte das jedoch nicht sein, denn es geht hier um den allgemeinen Ablauf Deiner Prüfung, um mehr Ruhe und Souveränität zu gewinnen. Das Konkrete, Fachliche bekommst Du mit den besprochenen Lerntechniken aus Kapitel 11 in den Kopf.

Notiere Dir

Meine Prüfung läuft so ab:

1. ....

2. ....

3. ....

4. ....

Notiere Dir

Meine Prüfung läuft so ab:

5. ....

6. ....

7. ....

8. ....

9. ....

10. ....

11. ....

12. ....

13. ....

14. ....

Lerne Deinen Ablauf nicht nur auswendig, sondern male ihn Dir im Geiste intensiv aus. Wie sieht die Umgebung aus? Welche Geräusche hörst Du? Wie fühlst Du Dich in dem Moment der Prüfung? Der Ablauf muss richtig verinnerlicht werden – dadurch entsteht dieses große Selbstvertrauen, das Dir sicheres Auftreten in Drucksituationen ermöglicht.

Notiere Dir:

«Ich habe den Ablauf der Prüfung auswendig gelernt und war dadurch mental stärker in der Prüfung»:

trifft **gar nicht** zu ——————— trifft **voll** zu

Erklärungen/Ursachen, *falls Du mit dieser Methode Schwierigkeiten hattest:*

....

....

Dein Erfolgsgeheimnis, *falls Du mit dieser Methode sehr gut klargekommen bist:*

....

....

Konsequenzen *für die nächste Prüfung:*

....

....

13.

Meistertipps

Nun sind es doch 13 Kapitel geworden. Ausgerechnet 13 – wenn das kein gutes Zeichen ist! Ich möchte Dir abschließend noch ein paar Meistertipps geben (es sind genau 13 Tipps ...). Vielleicht ist ja das eine oder andere dabei, das Dir hilft, eine Bestnote zu erreichen.

BRIEF AN DEIN ZUKÜNFTIGES ICH

Nimm Dir 20 Minuten Zeit und schreibe einen liebevollen Brief an Dein zukünftiges Ich. Das ist ein Brief, gerichtet an Dich selbst, zum Zeitpunkt nach der Prüfung. Versuche es einmal, sei kreativ: Was wünschst Du Dir für die Zukunft? Was sind Deine Hoffnungen? Deine Sorgen? Was gibst Du Deinem zukünftigen Ich mit auf den Weg?
Das Spannende passiert natürlich NACH der Prüfung, wenn Du diesen Brief von heute öffnest und Dir noch mal vergegenwärtigst, weswegen Du «damals» so besorgt warst.
Die Lerngelegenheit sollte richtig zelebriert werden, immerhin ist das ein emotionaler Moment, wenn Du diesen Brief nach der Prüfung öffnest: Welche Sorgen waren berechtigt? Wo hast Du Dich unterschätzt und Dir unnötig Sorgen gemacht? Was lernst Du daraus für die nächste Prüfung?
Wenn Dir diese Methode gefällt, kannst Du Dir nun **vor jeder Prüfung** einen Brief schreiben.
Wichtig dabei: Schreib den Brief handschriftlich. Denn dabei sind mehr Gehirnregionen aktiv als beim Tippen. Steck den Brief anschließend in einen Briefumschlag und schreib drauf «Nicht öffnen vor:

.... (Datum der Prüfung)».

Am besten schreibst Du Dir sicherheitshalber auch einen Reminder, um daran erinnert zu werden, nach der Prüfung den Brief zu lesen und Deine damaligen Gedanken mit der tatsächlichen Prüfung abzugleichen.

KLARTRAUM

Klarträume (auch luzide Träume genannt) sind Träume, bei denen der Träumende weiß, dass er gerade träumt. Ein bewusst erlebter Traum. Der Unterschied zu einem normalen intensiven Traum ist, dass man beim Klartraum die Trauminhalte selbst steuern kann: Man kann sich in den Prüfungsraum begeben und die Prüfung erleben.

Ist das seriös? Ja! Als Pionier gilt der amerikanische Psychologe Stephen LaBerg (*1947, lehrte an der Stanford University). In Deutschland hat Paul Tholey (gest. 1998, lehrte in Frankfurt/Main) sehr viel zu diesem Thema geforscht und veröffentlicht. Die Doktorarbeit von Daniel Erlacher, «Motorisches Lernen im luziden Traum», wurde 2005 als beste Nachwuchsarbeit von der Deutschen Vereinigung für Sportwissenschaft prämiert:

Scan mich

Motorisches Lernen im luziden Traum:
www.Mentale-Pruefungsvorbereitung.de

Meiner Einschätzung nach ist das Thema Klartraum das Spannendste, was das Mentaltraining derzeit zu bieten hat, mit dem größten Entwicklungspotential. Bei der mentalen Olympiavorbereitung für Rio 2016 und aktuell auch wieder für Tokio 2020 setze ich diese Methode mit einigen Athleten ein. Auch im Motorsport und im Karate (Kata) kann ich von sensationellen Erfolgen berichten.

Wichtig ist mir der Hinweis, dass das nichts mit «Traumdeutung» oder sonstigem esoterischen Schnickschnack zu tun hat, sondern eine fundierte, wissenschaftlich gut erforschte Methode ist, um den Traum für die eigene Entwicklung zu nutzen. Nicht die gesamte Nacht hindurch, nur phasenweise, so dass auch die Erholung nicht zu kurz kommt.

Wie geht Klartraum?

Zunächst einmal ist festzuhalten, dass nur etwa ein Prozent der Deutschen natürliche Klarträumer sind, das heißt, die meisten von uns werden bestimmte Techniken nutzen müssen, um diesen Klartraum-Zustand überhaupt herstellen zu können. Bitte hab Geduld! Es lohnt sich! Als ich meinen ersten Klartraum hatte, war das einfach nur phänomenal! **Tricks, die helfen sind:**

1. Traumtagebuch führen

Schreibe morgens auf, was Du geträumt hast. Nur stichpunktmäßig, das reicht schon. Auch gar nicht weiter interpretieren, was das bedeuten könnte. Es geht beim Traumtagebuch darum, dass Du lernst, Dich besser an Deine Träume zu erinnern.

2. Wiederkehrende Träume erkennen

Beim Klartraum, weißt Du, dass Du gerade träumst. Das heißt, Du kannst wiederkehrende Träume nutzen, um zu erkennen, dass Du gerade träumst. So nach dem Motto: Immer wenn Du an diesem bestimmten Ort bist, musst Du träumen, denn in der Realität bist Du normalerweise nicht an diesem Ort.

3. Einschlafen mit dem Vorsatz, heute einen Klartraum zu erleben

Klappt natürlich nicht immer, und erzwingen kann man den Klartraumzustand auch nicht. Aber es hilft, sich die Absicht kurz vor dem Einschlafen noch einmal bewusst zu machen. Achte auch auf den Übergang vom Wachsein zum Schlafen. Dieser Moment, kurz bevor Du einschläfst – den bitte ganz bewusst wahrnehmen, nach dem Motto «So, jetzt beginnt der Traum».

Achte auf den **Übergang** vom Wachsein zum Schlafen.

4. Realitäts-Checks durchführen

Frage Dich mindestens acht Mal pro Tag, ob Du gerade wach bist oder ob Du gerade träumst. Kombiniere diese Frage mit einem Test, z. B. halte Dir die Nase zu und versuche einzuatmen. Das geht nicht, wenn Du wach bist. Also weißt Du, dass Du gerade wach bist.

Irgendwann wirst Du Dir die Frage, ob Du gerade wach bist oder träumst, im Traum stellen und wenn Du dann versuchst, durch die geschlossene Nase zu atmen, geht die Luft plötzlich durch. Dann weißt Du, dass Du gerade träumst. Der Klartraum-Zustand «schaltet sich ein».

Eine andere Art des Realitäts-Checks ist es, einen Gegenstand hochzuwerfen. Wenn Du wach bist, steigt er auf und fällt aufgrund der Schwerkraft wieder herunter. Du bist also wach. Irgendwann machst Du das im Traum und **hier gelten die Gesetze der Physik nicht,** das heißt, der Gegenstand wird vielleicht in Zeitlupe fallen oder in der Luft schweben bleiben. Jetzt weißt Du, dass Du träumst, und kannst Deinen Traum für die Prüfungssimulation nutzen.

Noch ein Tipp aus der Praxis: Bei Deinen ersten Klarträumen wirst Du vermutlich so euphorisch sein, dass Du davon erst mal aufwachst. Das ist normal. Wer mehr oder weniger lange auf diesen Moment hintrainiert hat, und dann diesen ganz besonderen Zustand erlebt, wird stark beeindruckt davon sein. Auch darfst Du natürlich gerne erst mal Spaß haben im Klartraum, z. B. irgendwo hinfliegen, mit der National-Elf kicken oder mit Johnny Depp einen Kaffee trinken gehen ... Wenn es Dir gelingt, drei- bis viermal pro Woche den Klartraum-Zustand herzustellen, kannst Du anfangen, diesen Zustand sinnvoll für Deinen Prüfungserfolg zu nutzen, indem Du Deine Prüfung so realistisch wie möglich simulierst.

Da ich bisher nur mit Leistungssportlern und Musikern diese Methode eingesetzt habe, würden mich Deine Erfahrungen für Deine Prüfungsvorbereitung sehr interessieren. Magst Du sie in der Community teilen?

www.facebook.com/mentale.pruefungsvorbereitung

Vielen Dank!

KONTAKT ZU TIEREN

Das hat man mit Grundschülern getestet, die vor der Mathearbeit einen Hund streicheln durften. Die Schüler waren entspannter und in einer positiveren Stimmung. Und konnten in diesem Zustand die Aufgaben besser bearbeiten, das heißt, die Ergebnisse der Klassenarbeit waren sogar besser.
Falls Du Schüler oder Schülerin bist: Habt Ihr einen Schulhund? An einigen Schulen ergänzen diese Lehrkräfte auf vier Pfoten das Kollegium und haben auf mehreren Ebenen positive Effekte, Stichwort: Fürsorge, Verantwortungsübernahme, Selbstvertrauen.

Scan mich

Schulhund:
www.Mentale-Pruefungsvorbereitung.de

Ich nutze den positiven Einfluss von Tieren auf unsere Stimmung direkt vor dem Wettkampf (sofern der Athlet das möchte und das organisatorisch möglich ist), indem die Athleten ihr Haustier kurz vor dem Wettkampf noch mal streicheln dürfen.

DIE SITZFLÄCHE VERGRÖSSERN

Für Prüfungen im Sitzen ist das eine geniale Entspannungsmethode! Denn die Sitzfläche kannst Du nur dann vergrößern, wenn Du Dich entspannst. Dein «Popometer» spiegelt Deinen Stressgrad wider. Versuche die Sitzfläche zu vergrößern, dadurch entspannst Du automatisch.

Für Prüfungen im Stehen gilt: Entspanne Deine Kniescheiben! Das spiegelt den gesamten Stressgrad wider, das heißt, mit diesem Fokus («entspannte Kniescheiben») wirst Du automatisch auch innerlich ruhiger.

SEI VORBEREITET

Das ist kein Meistertipp, sondern eine Selbstverständlichkeit. Dennoch möchte ich nicht, dass Du bei all dem Aufwand die Basics vergisst. Also: Hast Du Ersatzstifte dabei? Einen Ersatz-Taschenrechner? Ist Dein Handy auf lautlos geschaltet? Nicht auf Vibration, sondern auf lautlos … schalte doch einfach den Flugmodus ein: Es ist jetzt Prüfung, da gibt es nichts anderes. Bitte plane auch Pufferzeit ein für die Anreise. Ich empfehle sogar, einen Tag früher anzureisen, wenn Deine Prüfung in einer anderen Stadt ist.

SEI AUF DEN ERFOLG VORBEREITET

Viele meiner Klienten berichten, dass sie Probleme damit hatten, dass die Prüfung «so einfach» war! Wenn Du den Aufwand betreibst und einige oder sogar mehrere der hier vorgestellten Methoden einsetzt, kann es sein, dass Du das erste Mal in der Prüfung ein Lächeln auf den Lippen hast. Alles läuft wie am Schnürchen. Die Aufgaben kommen Dir so einfach vor: *Wo ist der Haken?* Das kann doch nicht so einfach sein?! Bitte sei darauf vorbereitet, dass Du die Prüfung bestehst. Eine Gefahr dabei ist auch, dass Du die Prüfung nun auf die leichte Schulter nimmst, weil Du das Gefühl hast, es sei alles so einfach. Die Gefahr von Flüchtigkeitsfehlern steigt in so einem Zustand massiv an. Lösung: Wenn Du zu locker bist, steigere Deinen Stressgrad wieder ein wenig, z. B. indem Du Dir vornimmst, nicht nur zu bestehen, sondern mit Auszeichnung zu bestehen!

«Sei darauf vorbereitet, dass Du die Prüfung bestehst.»

ZUM FRISEUR GEHEN

Klingt absurd? Okay, vielleicht ist diese Methode jetzt nicht so hart wissenschaftlich bewiesen wie die anderen, aber überlege mal: Prüfer sind auch Menschen – und wenn Dein Prüfer sieht, dass Du frisch gestylt zur Prüfung erscheinst, zeigt ihm das, dass Du die Prüfung ernst nimmst. Das kann im Zweifel das halbe Pünktchen mehr ausmachen, wenn Du auf der Kippe stehst.
Mal ganz abgesehen davon, dass Du Dich auch selbst besser fühlst, wenn Du weißt: «Die Haare liegen schön!» Und tatsächlich bewiesen ist folgender Zusammenhang: Je besser Deine Stimmung in der Prüfung, umso besser kannst Du Deine Leistung abrufen!

ERNÄHRUNG AM PRÜFUNGSTAG

Dein Gehirn braucht Energie, um gut arbeiten zu können. Komplexe Kohlenhydrate und ausreichend Flüssigkeit sind hier entscheidend. Energy-Drinks und Traubenzucker helfen zwar kurzfristig, aber Vorsicht!, sie steigern auch Deine Nervosität. Falls Du eh schon aufgeregt und nervös bist, verzichte auf zusätzliche «Aufputschmittel» über die Ernährung. Magnesium gilt als «das Salz der inneren Ruhe». Idealerweise nimmst Du ein Magnesiumoxid-Produkt, also nicht das billige Magnesiumcarbonat aus dem Supermarkt. Von der Dosierung her empfehle ich das vor der Prüfung in einigen Probeprüfungen mal zu testen, welche Dosierung Du verträgst. Wenn Du zu viel **Magnesium** nimmst, kann das Durchfall auslösen. Von offiziellen Stellen werden 300 bis 400 mg pro Tag empfohlen. Probiere Dein Optimum bitte im Vorfeld aus. Speziell zur Konzentration hat **Ginkgo** eine nachgewiesene Wirkung. Dieses Naturprodukt sollte bereits ein paar Tage vor der Prüfung täglich eingenommen werden.

DEIN PRÜFER IN LEDERHOSE MIT PEITSCHE …

Hast Du Angst vor dem Prüfer? Im Sport kenne ich das Phänomen «Angstgegner», und da hilft meinen Athleten die Strategie, sich den Gegner nackt, in Lederhose, mit Peitsche vorzustellen. Oder in einem pinken Schweinchen-Dick-Kostüm. Oder im Tutu und Ballettschuhen. Oder mit doppelt so großer Nase und Elefantenohren. Oder geschrumpft um 80 Prozent. Egal was, mach Deinen Angstgegner in Gedanken so klein, dass er all seine Bedrohlichkeit verliert.

BESUCH VON DEINEM ZUKÜNFTIGEN ICH

Ein Gedankenexperiment: Stell Dir vor, Du hättest in 20, 30, 40 Jahren eine Zeitmaschine und könntest Dich selbst heute besuchen. Was würdest Du Dir raten? Welche Tipps würdest Du Dir auf den Weg geben?

Magst Du das mal aufschreiben, damit es verbindlicher wird:

....

....

....

PRÜFUNG = PARTY!

Verändere die Verbindung von «Prüfung = Stress, Angst, Bedrohung» hin zu «Prüfung = Party, Spaß, Feiern»! Wie viele Menschen sind eigentlich schon bei Prüfungen gestorben? Also wirklich gestorben? Nein, die Prüfung ist nicht lebensbedrohlich, dennoch werden die gleichen Alarmreaktionen im Körper ausgelöst, als wäre es eine lebensbedrohliche Situation. Diese sinnlose und blockierende Fehlverknüpfung müssen wir knacken. Vielen hilft dieses Umbewerten der Prüfung in «Party». Viel Spaß beim Feiern!

ICH VERMISSE DIE SCHULE ...

Es bringt nichts, die sechs Stunden Schule am Tag möglichst schnell hinter sich zu bringen, um dann Zeit für die wirklich spannenden Dinge im Leben zu haben, weil genau diese sechs Stunden Dein Leben sind! Noch deutlicher: Wir meinen immer, der Tod sei weit entfernt, was interessiert mich mein Lebensende, ich bin doch noch jung ... Fakt ist: Niemand weiß, wann das Ende gekommen ist. Schon morgen könnte Dein letzter Tag sein. Das wäre schlimm, keine Frage, nur wäre es dann nicht eine wahnsinnige Zeitverschwendung, die sechs Stunden Schule genervt über sich ergehen zu lassen, anstatt genau diese Zeit voll auszukosten, nach der Devise: *Das hier ist mein letzter Schultag, Leute!* Nutze die Zeit, genieße sie sogar! Diese Zeit der Prüfungsvorbereitung – sie geht so schnell vorbei.

WORUM ES EIGENTLICH GEHT ...

Klar, aktuell willst Du einfach nur Deine Prüfung bestehen. Jedoch kann man sich auch mal das Gesamtbild anschauen und feststellen: Eigentlich geht es darum zu lernen, mit Herausforderungen umzugehen. Also Prüfungen und schwierigen Situationen nicht aus dem Weg zu gehen, sondern sie als Herausforderung anzunehmen und Dein Bestes zu geben. Ein verrückter Gedanke zum Schluss: Es ist vollkommen egal, vor welchen Problemen Du gerade stehst – wir haben ALLE Probleme. Die Abwesenheit von Problemen ist der Tod! Probleme gehören zum Leben dazu! Das Leben möchte Dich besser machen und schickt Dir hierfür …? Richtig, diese aktuelle Prüfung! Das ist der «Test», ob Du Dein nächstes Level erreichst. Wenn Du diese Prüfung nicht bestehst, kommen andere Prüfungen. Es gibt kein Leben ohne Prüfungen! Die Frage ist, wann bei Dir endlich der Groschen fällt und Du Prüfungen als das ansiehst, was sie sind: Gelegenheiten, um die nächste Stufe in Deinem Leben zu erreichen.

Wachse an Deinen Prüfungen!
Entwickle Prüfungslust!
Ich wünsche Dir viel Spaß dabei!

... und ein letztes Mal, weil's so schön ist:

Notiere Dir:

Deine Prüfung:

Das habe ich gemacht, um in meiner Prüfung eine ***persönliche Bestleistung*** *zu zeigen:*

....

....

....

....

....

....

Ergebnis *der Prüfung:*

....

Was nimmst Du aus der mentalen Prüfungsvorbereitung mit für Deine ***nächste Prüfung?***

....

....

Ausblick

AUSBLICK

Ich hoffe, Dir hat dieses **Coaching in Buchform** geholfen. Ich habe versucht, die Methoden nicht nur trocken aufzulisten, sondern sie mit persönlichen Kommentaren, Erfahrungen aus der Praxis und Fallbeispielen zum Leben zu erwecken. Du brauchst nicht alles umzusetzen – das Methoden-Buffet ist so gedacht, dass Du Dir Deine drei, vier, fünf Favoriten heraussuchst, die Dir helfen, eine Bestnote in Deiner Prüfung zu erreichen. Und selbst wenn Du nur eine einzige Sache aus dieser Arbeit hier mitnimmst, wäre das bereits ein schöner Fortschritt!

Leider bekommt man als Autor viel zu wenig Feedback. Ich habe bereits über 30 Bücher veröffentlicht und Tausende von Menschen inspiriert, aber nur selten meldet sich mal jemand zurück. Und dann auch noch mit einer unfairen Kritik, nach dem Motto «Ich will hier nur Geld verdienen». Das Problem dabei ist, dass es einfach nicht stimmt! Ich stecke in jedes Projekt viel Herzblut und jahrelange Schreibarbeit.

An dem «Lexikon der Mentaltechniken» habe ich sechs Jahre lang geschrieben! Die erste Auflage dieses Handbuches hier habe ich im Jahre 1999 veröffentlicht, die 2. Auflage 2005, die 3. Auflage im Jahre 2007 (unter dem Titel «Mehr Konzentration in der Schule») – in diese Ausgabe hier sind also in Summe 18 Jahre Arbeit geflossen. Also ehrlich, Geld ist definitiv nicht der Antrieb, warum ich seit über 20 Jahren Bücher schreibe …

Mir macht es viel Freude, relevante Themen so praxisnah aufzubereiten, dass es Dir wirklich hilft, stärker zu werden. Wenn Du meine Arbeit unterstützen möchtest, würde ich mich sehr über eine Bewertung dieses Buches freuen. Ich nehme das wahr und lasse es sogar in die weitere Entwicklung einfließen. Auch die Facebook-Seite zum Buch lebt natürlich ein Stück weit von der konstruktiven Mitarbeit der Besucher! Wenn ich Dir helfen konnte mit dieser Arbeit, bring Dich doch ein wenig ein in dieses Projekt, z. B. mit einer Rezension oder einem Kommentar auf der Facebook Seite.

Scan mich

Die Facebook-Seite zum Buch:
www.facebook.com/mentale.pruefungsvorbereitung

Danke, von Herzen!

Und viel Erfolg wünscht Dir
Michael

A

B

C

D

E

F

G

H

I

J

K

L

Impressum

Bibliografische Information der Deutschen Nationalbibliothek
Die Deutsche Nationalbibliothek verzeichnet diese Publikation in der Deutschen Nationalbibliografie. Detaillierte bibliografische Daten sind im Internet abrufbar: **http://www.dnb.de**

Draksal, Michael (2017):
Mentale Prüfungsvorbereitung. Prüfungen so erfolgreich meistern wie Olympiasieger.
Leipzig: Draksal Fachverlag.
978-3-86243-153-3

Gesamtherstellung
Draksal Fachverlag
Postfach 10 04 51
D-04004 Leipzig
Deutschland
www.draksal-verlag.de

Lektorat
Carina Heinrich

Produktion
Katja Krüger

Satz & Grafik
Katja Krüger

Umschlaggestaltung
Katja Krüger

Bildnachweis

Draksal Fachverlag: 6, Umschlagklappe

amazon.de: 72 (Herstellerbilder)

fotolia.de: 11 (Studenten lernen im Seminar © Robert Kneschke)

istockphoto.com: Cover (Pole vault © enisaksoy), 25 (Herbal medicine © MarcoMarchi), 29 (Fröhlich junger Mann mit erhöhter Arme Feiern © m-imagephotography), 43 (Junge Frau hören Musik mit Kopfhörer in der gelben Zone © valentinrussanov), 50 (Woman thinking of ideas at the office © andresr), 58 (Group of Teenagers Volunteer with Raised Hands to the Sky © AleksandarGeorgiev), 65 (Young bearded man with eyes closed © Ruslanshug), 93 (Junge Geschäftsfrau schaut an Unterlagen © fotostorm), 98 (3-D glasses headset © Petar Chernaev), 102–103 (Business team testing virtual reality headset in meeting © Jacob Ammentorp Lund), 113 (Junge attraktive Mädchen mit einem Laptop © kajakiki), 125 (Letzter test © shironosov), 131 (Male athlete swimming butterfly stroke, close-up © Téo Lannié), 135 (Studenten, die Erhöhung der Hände zu beantworten Sie die Frage in einer Präsentation © kynesher), 139 (Ein Satz von Mans Mode und Accessoires © grinvalds), 147 (Junge Frau Aufnahme von Video für ihr Vlog mit Kamera mit Mikrofon auf Stativ montiert © jacoblund), 155 (Männliche und weibliche Studenten arbeiten mit Computer in der Bibliothek © Bim), 167 (Doppelbelichtung Porträt © Victor_Tongdee), 171 (Große Gruppe von Studenten schreiben © skynesher)